KATZEN UND KÄTZCHEN

STRESS ENTLASTENDE KATZEN FÀRBUNG BUCHAUSGAB

Coloring Bandit

Veröffentlicht von Speedy Publishing Canada Limited

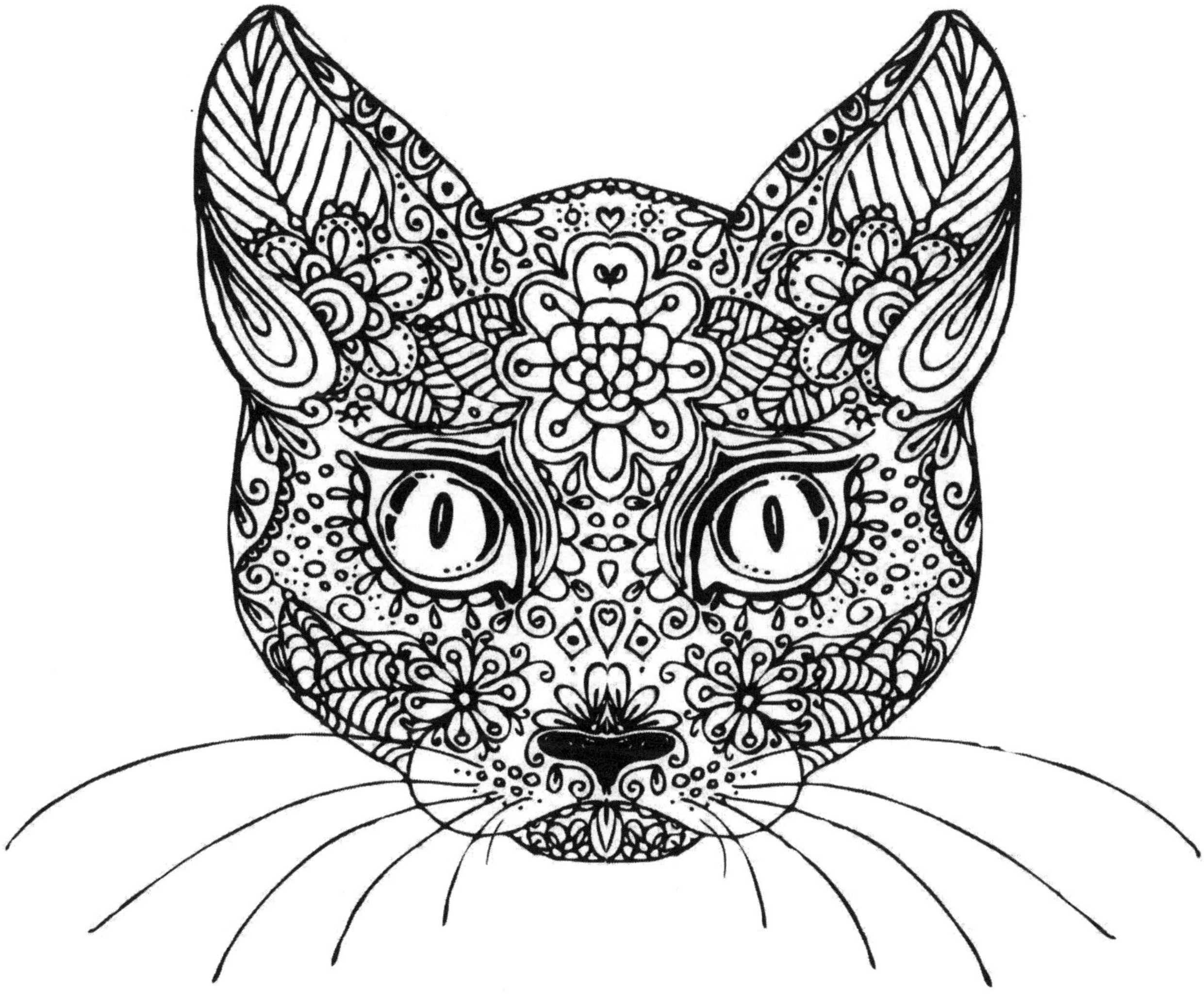

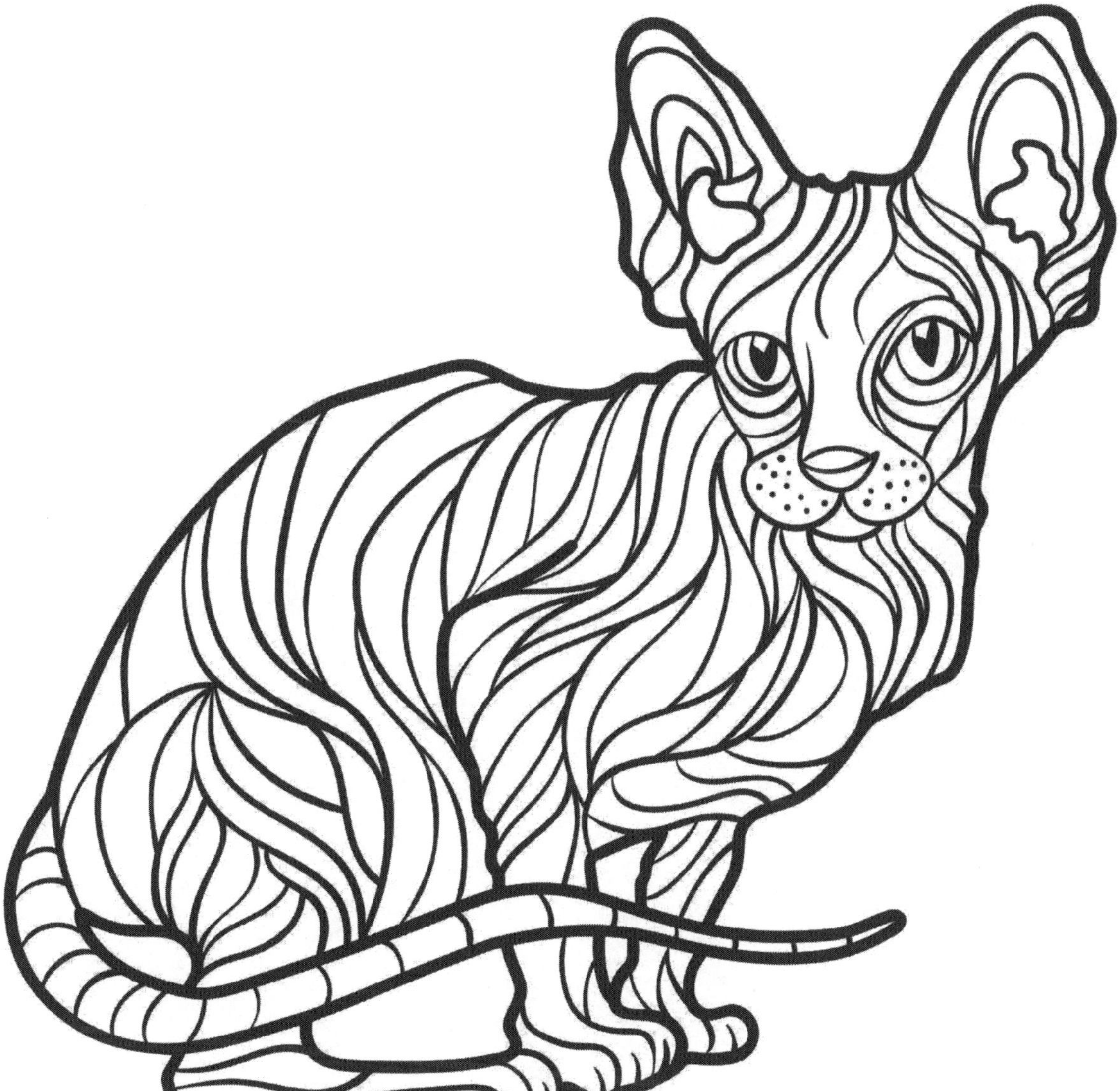

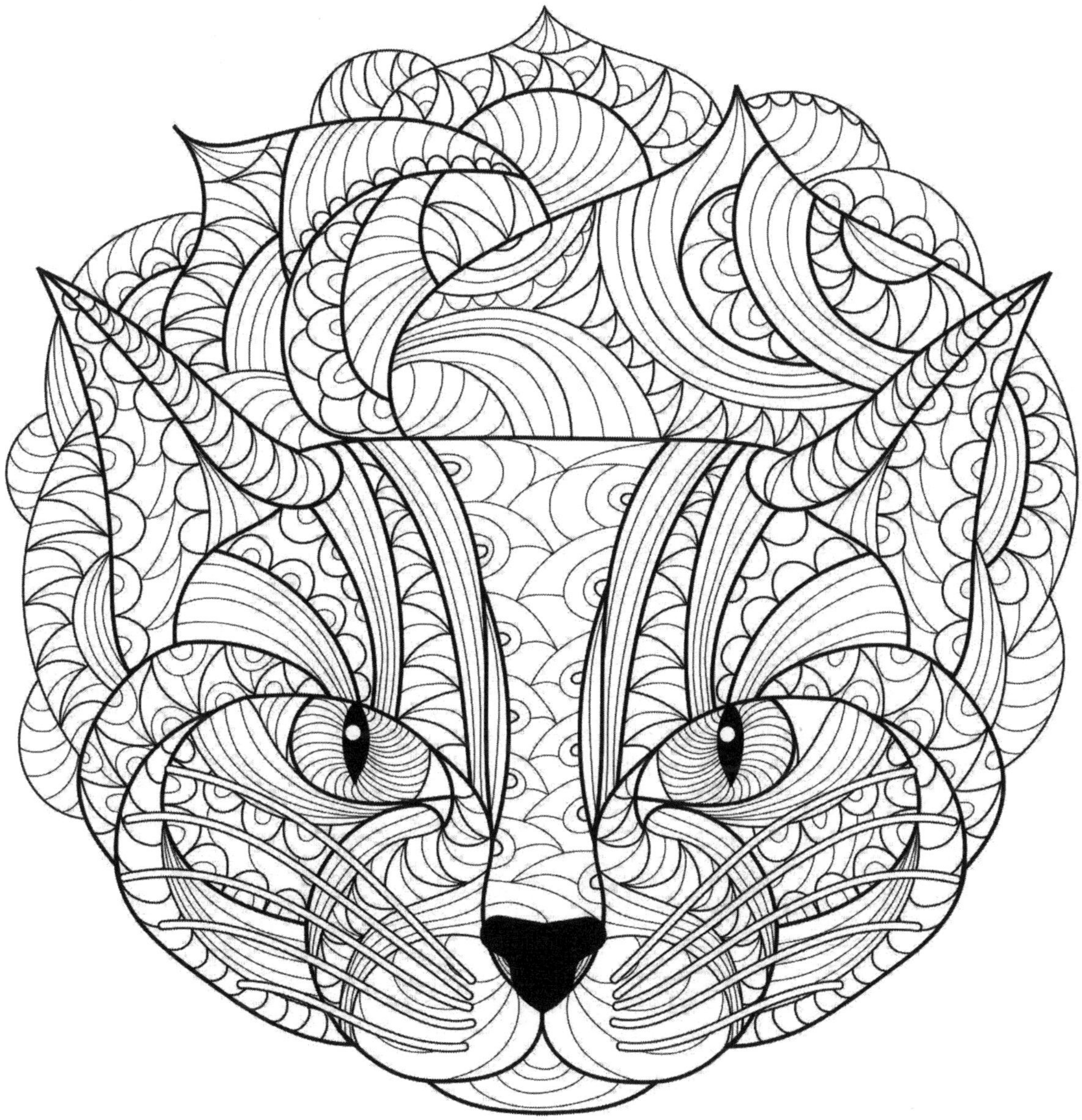

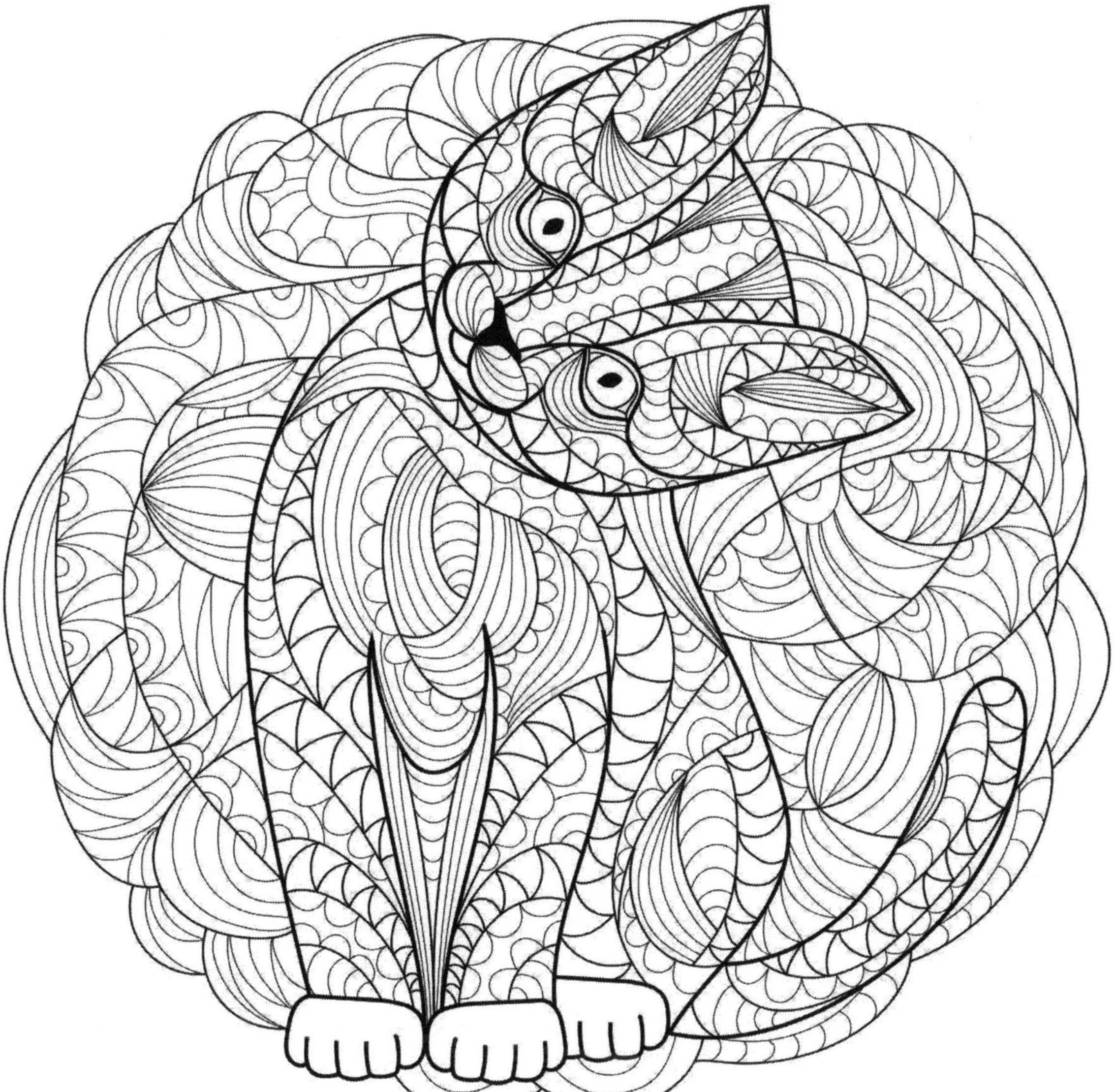

Dies ist ein bluten durch Seite wenn du verwendest eine Färbung Markierung oder Stift!

Finden Sie weitere tolle Titel durch auf der Suche nach Färbung Bandit auf Ihre Lieblings-Buch Einzelhändler

Amazon.Ca | Barnes & Noble (BN.Com) | Ich 1 Million Bücher (BAM.Com)

COLORING BANDIT

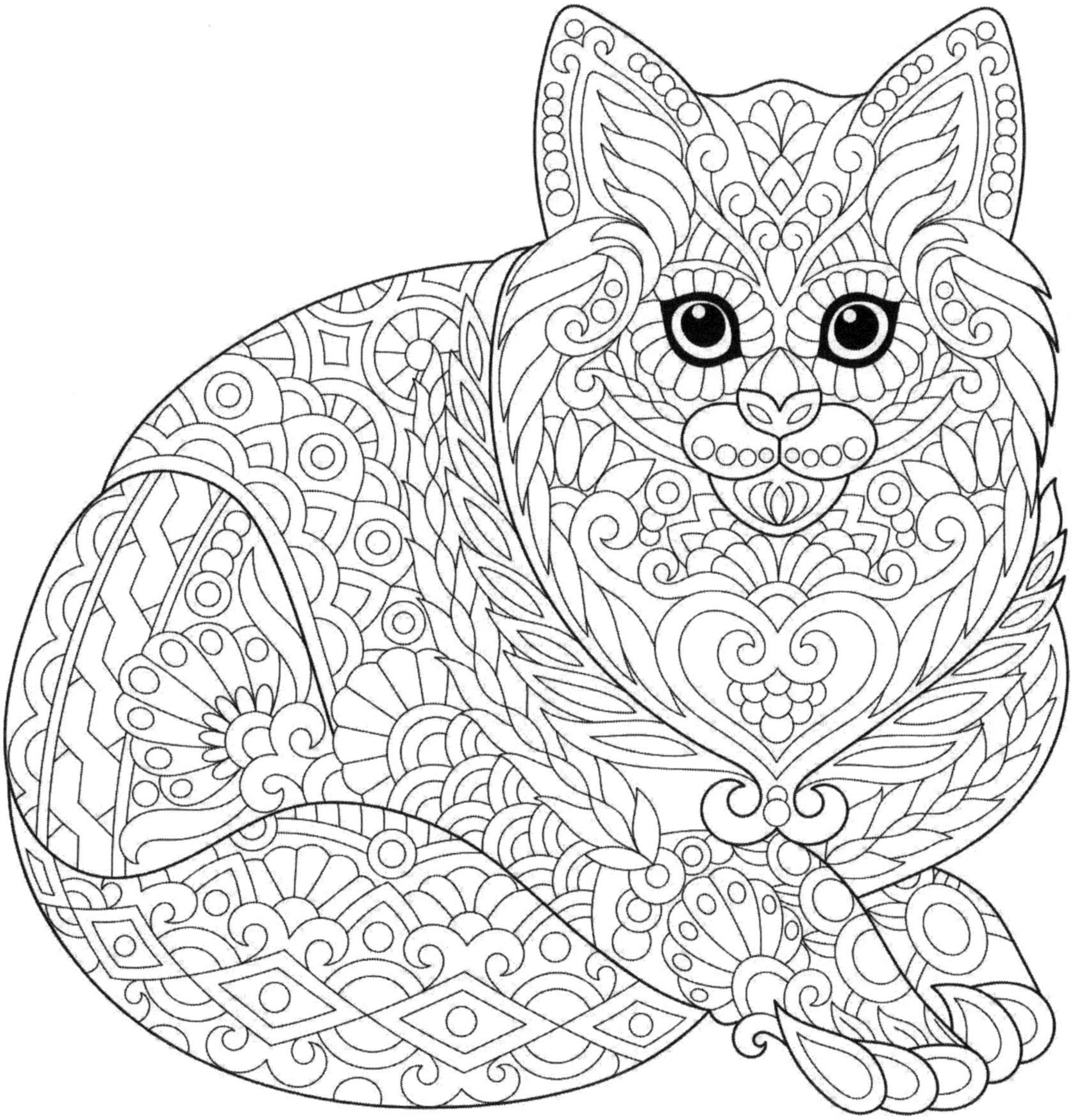

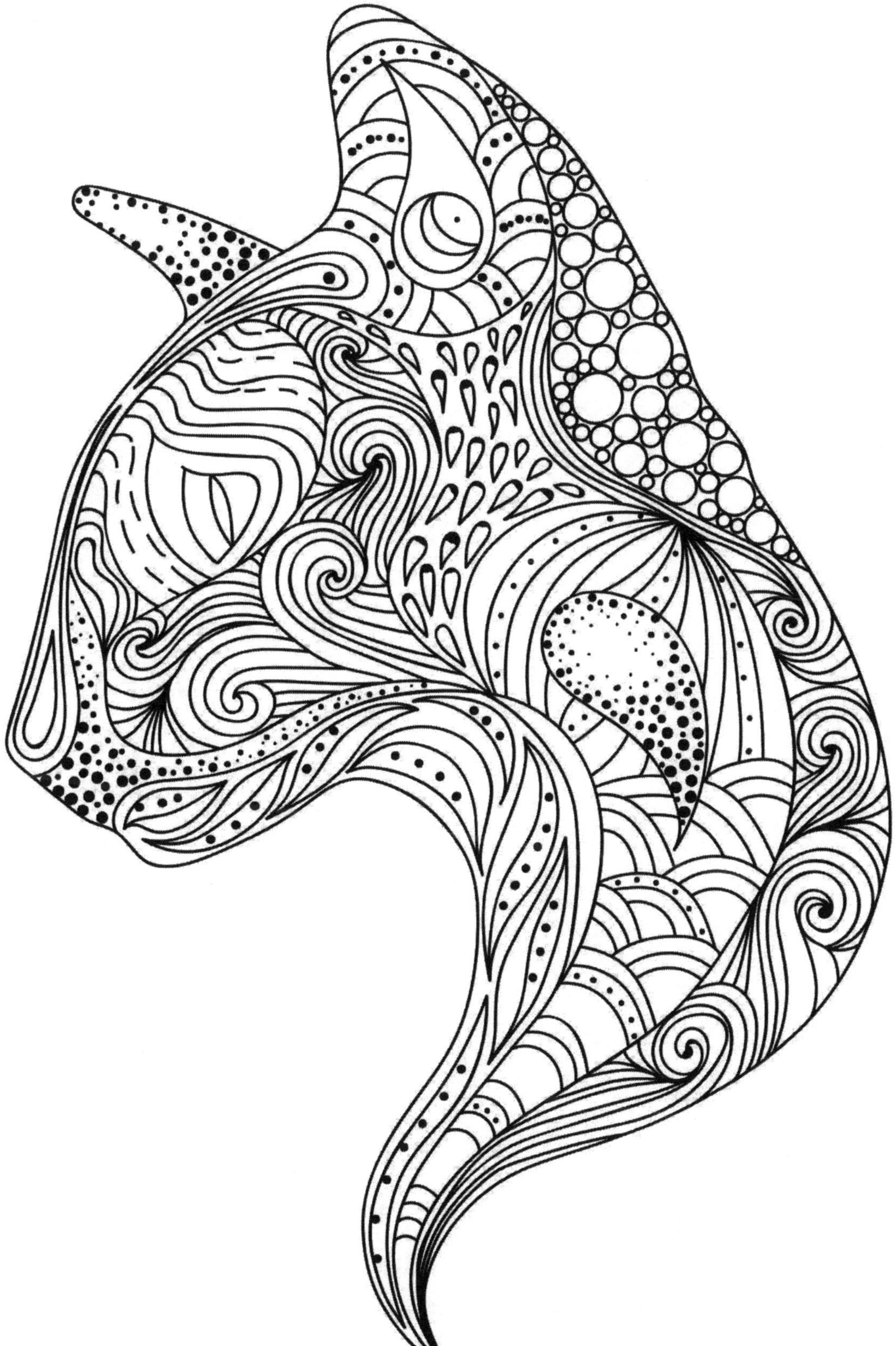

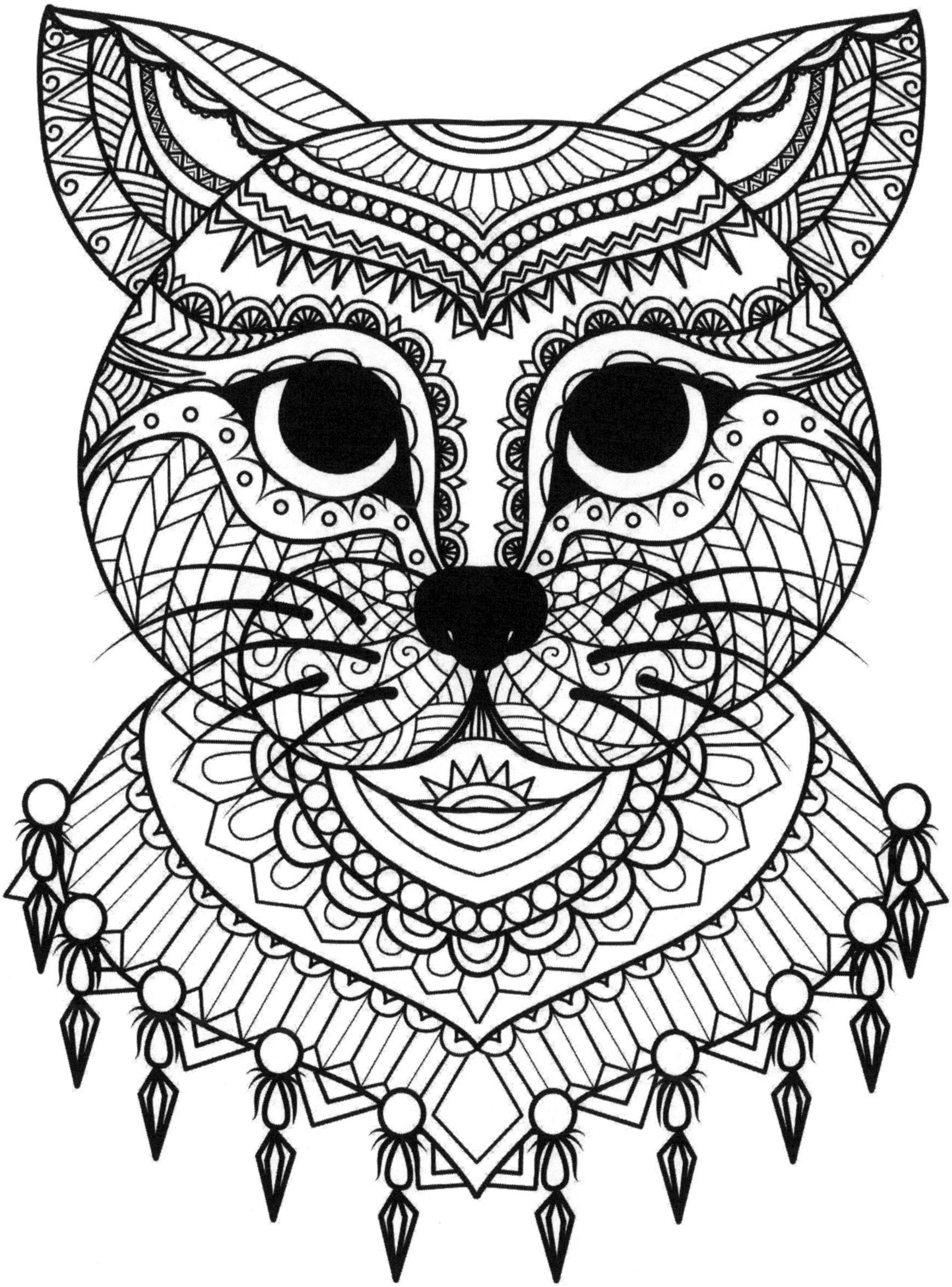

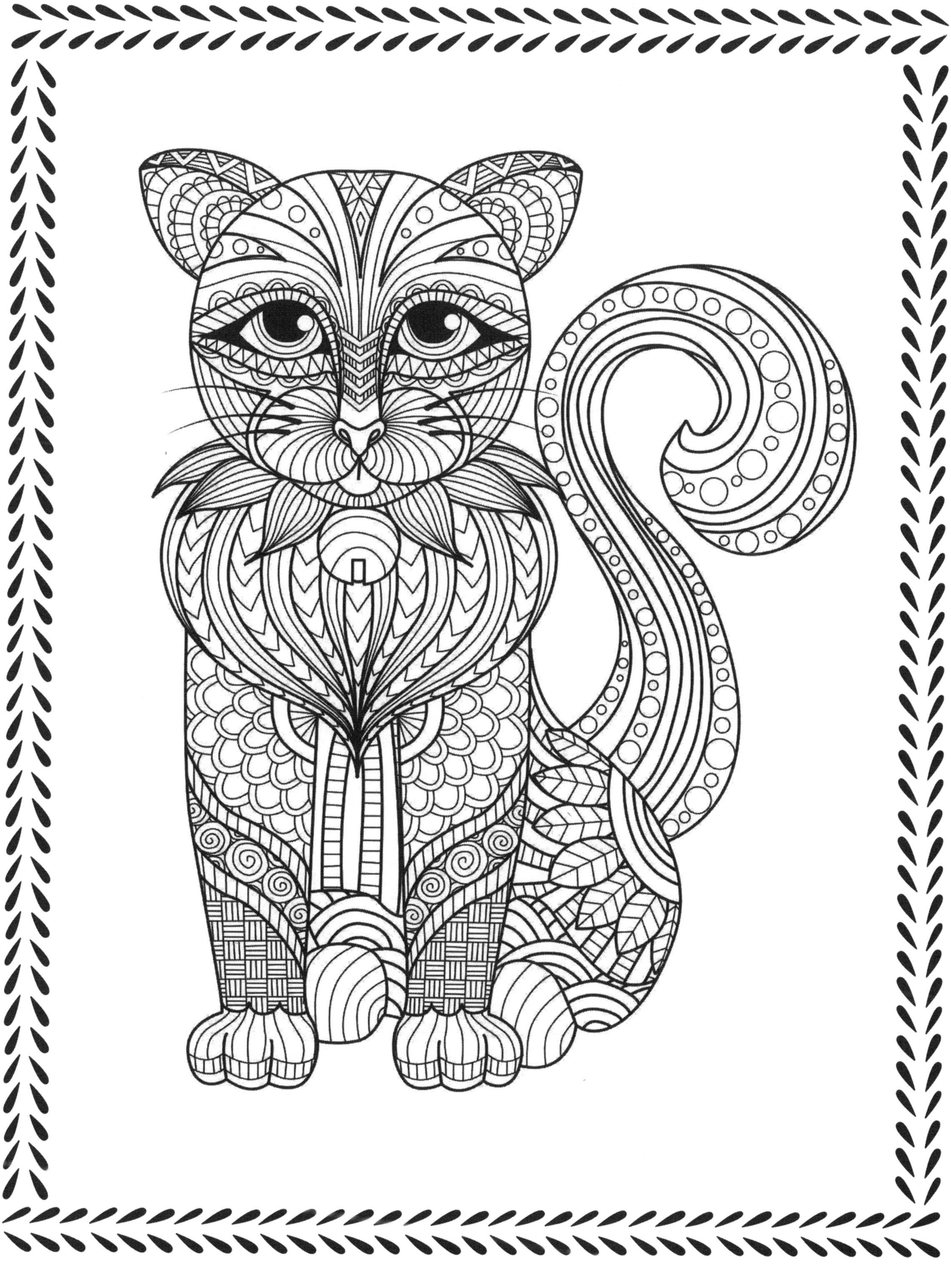

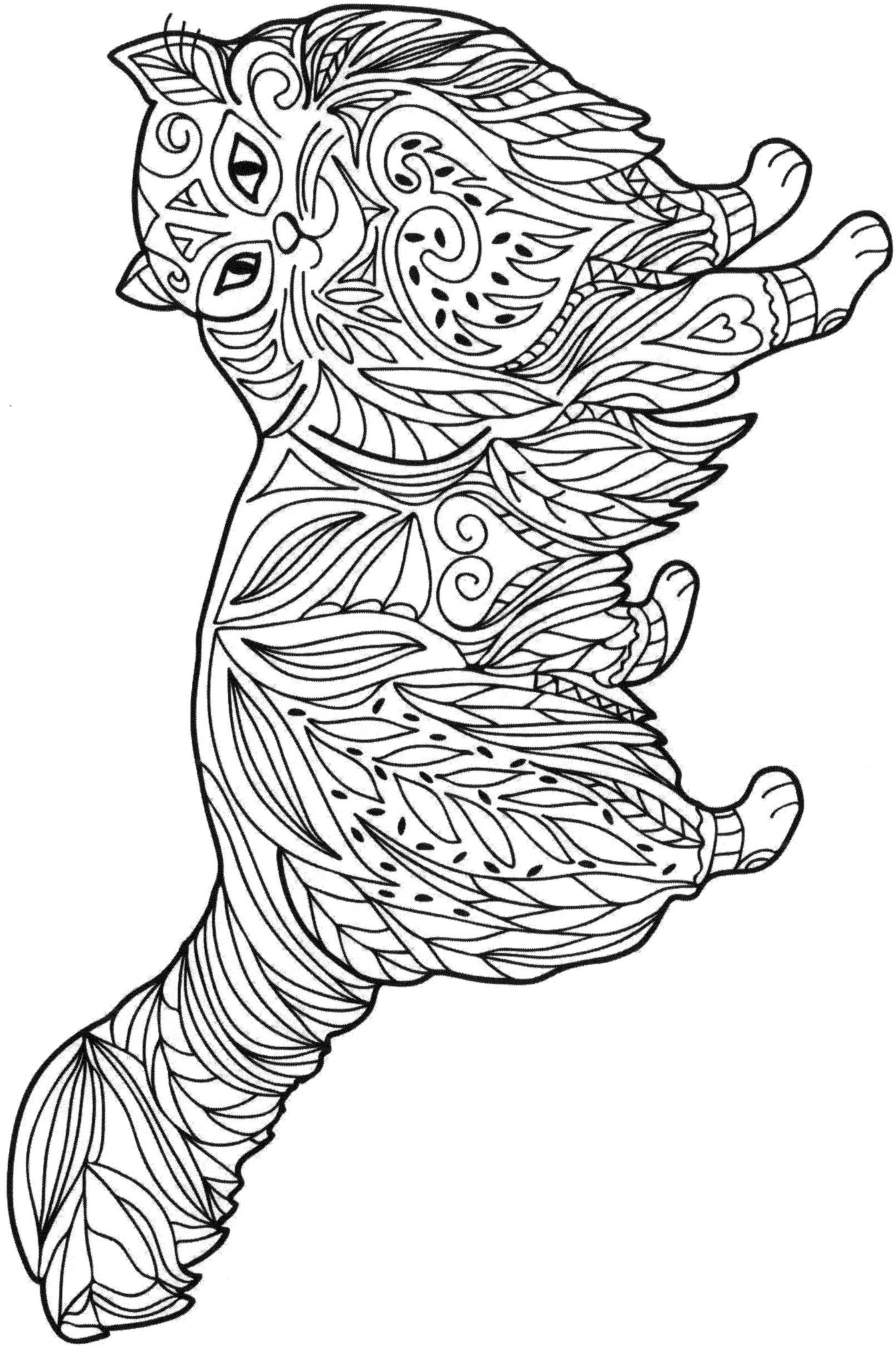

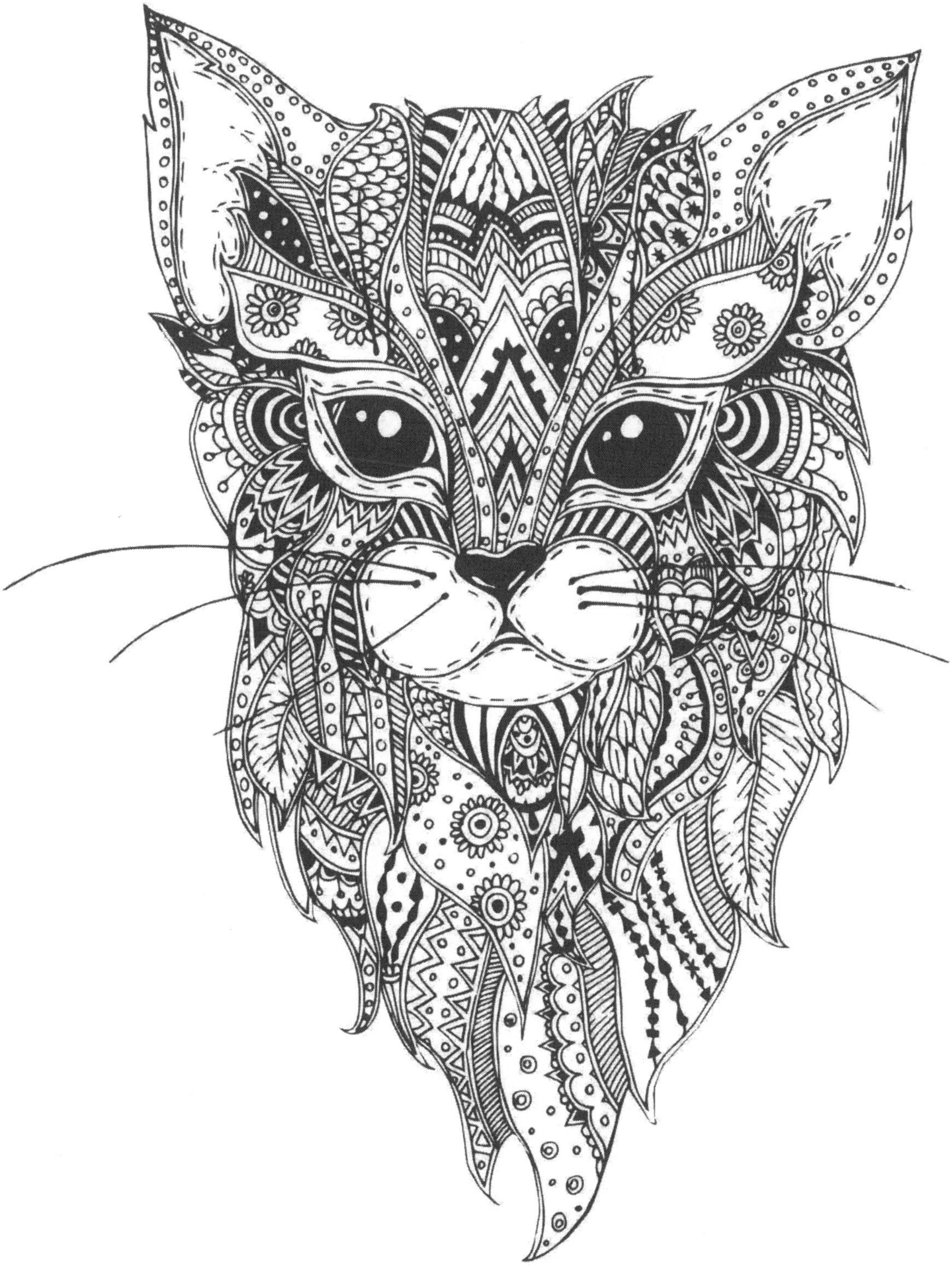

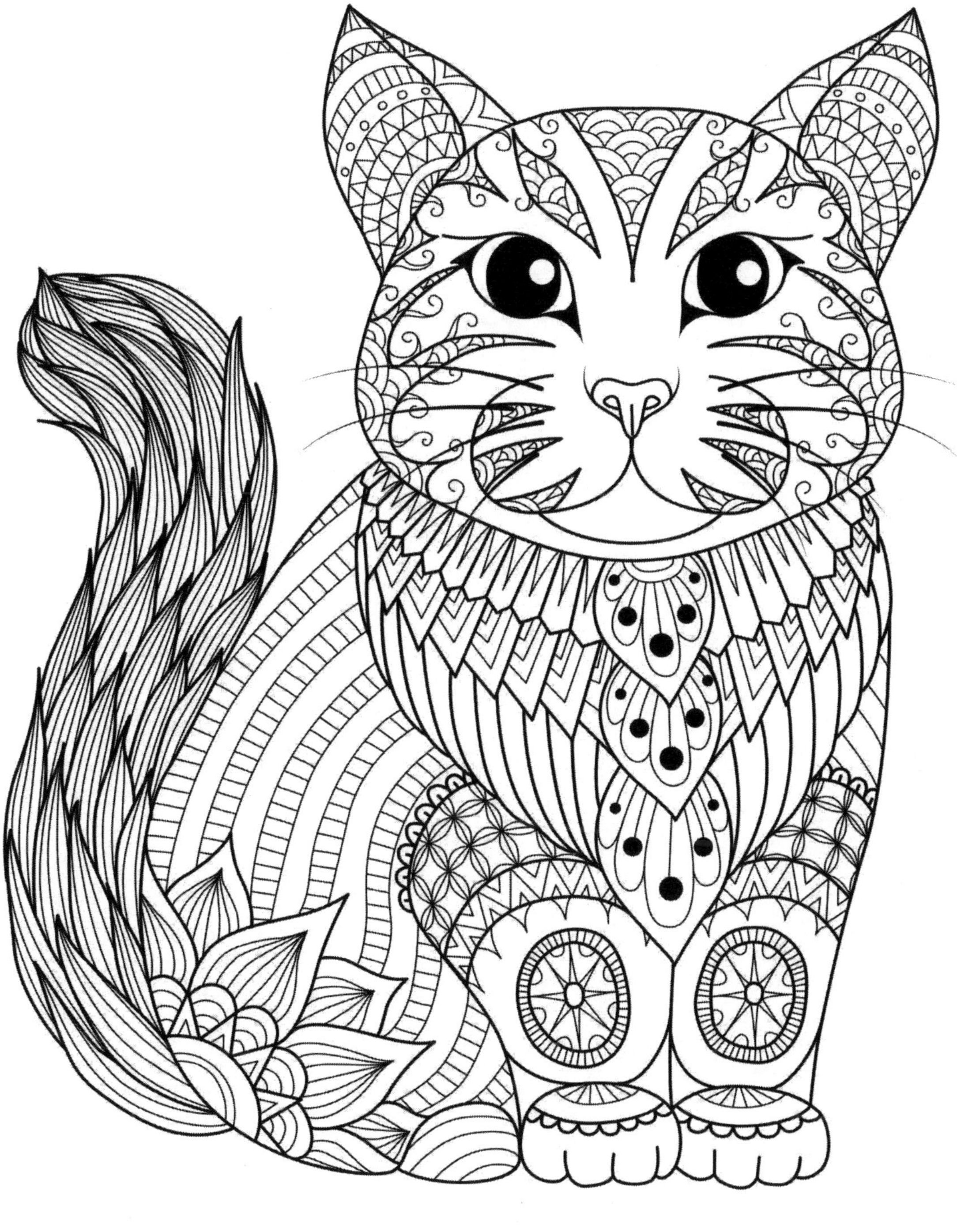

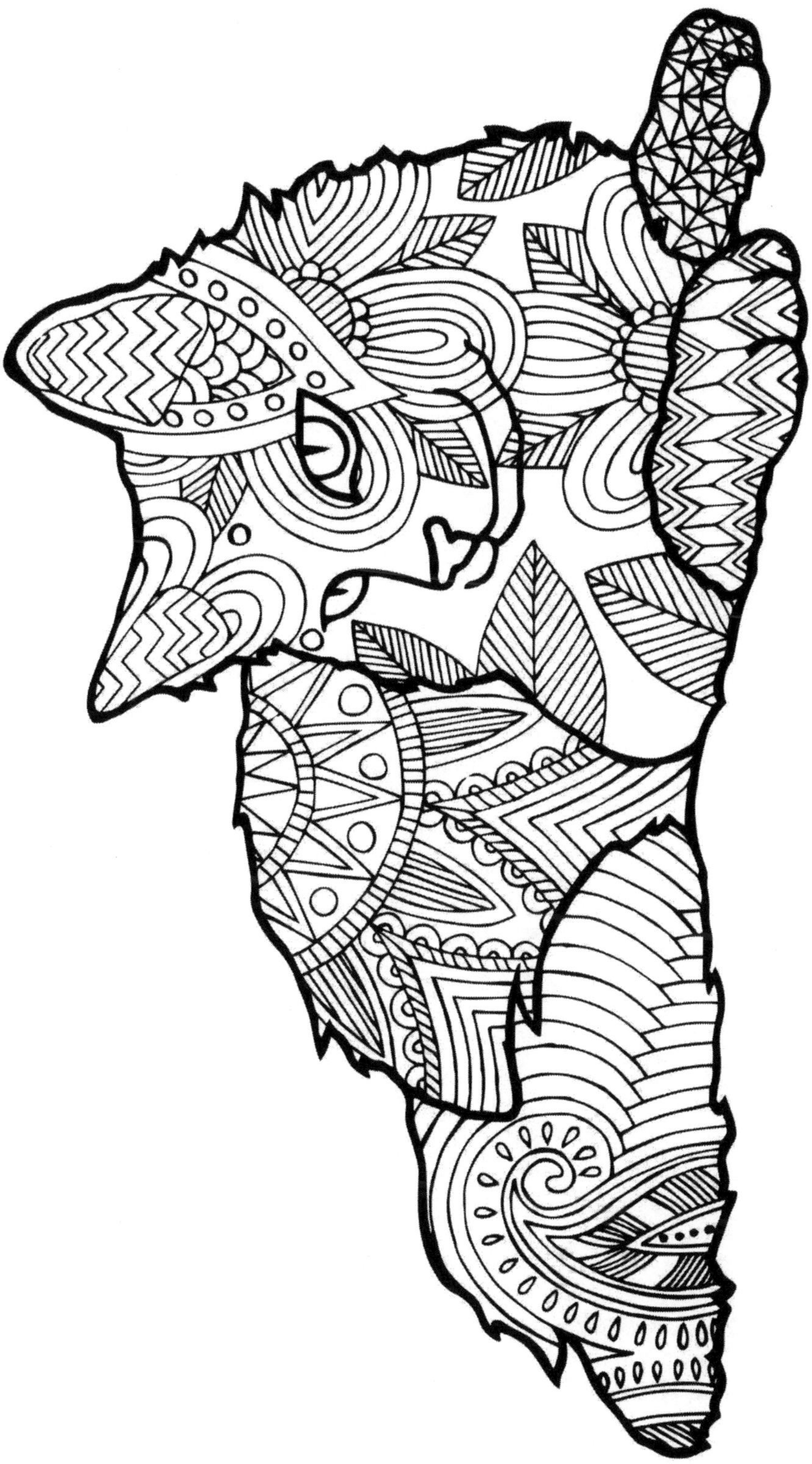

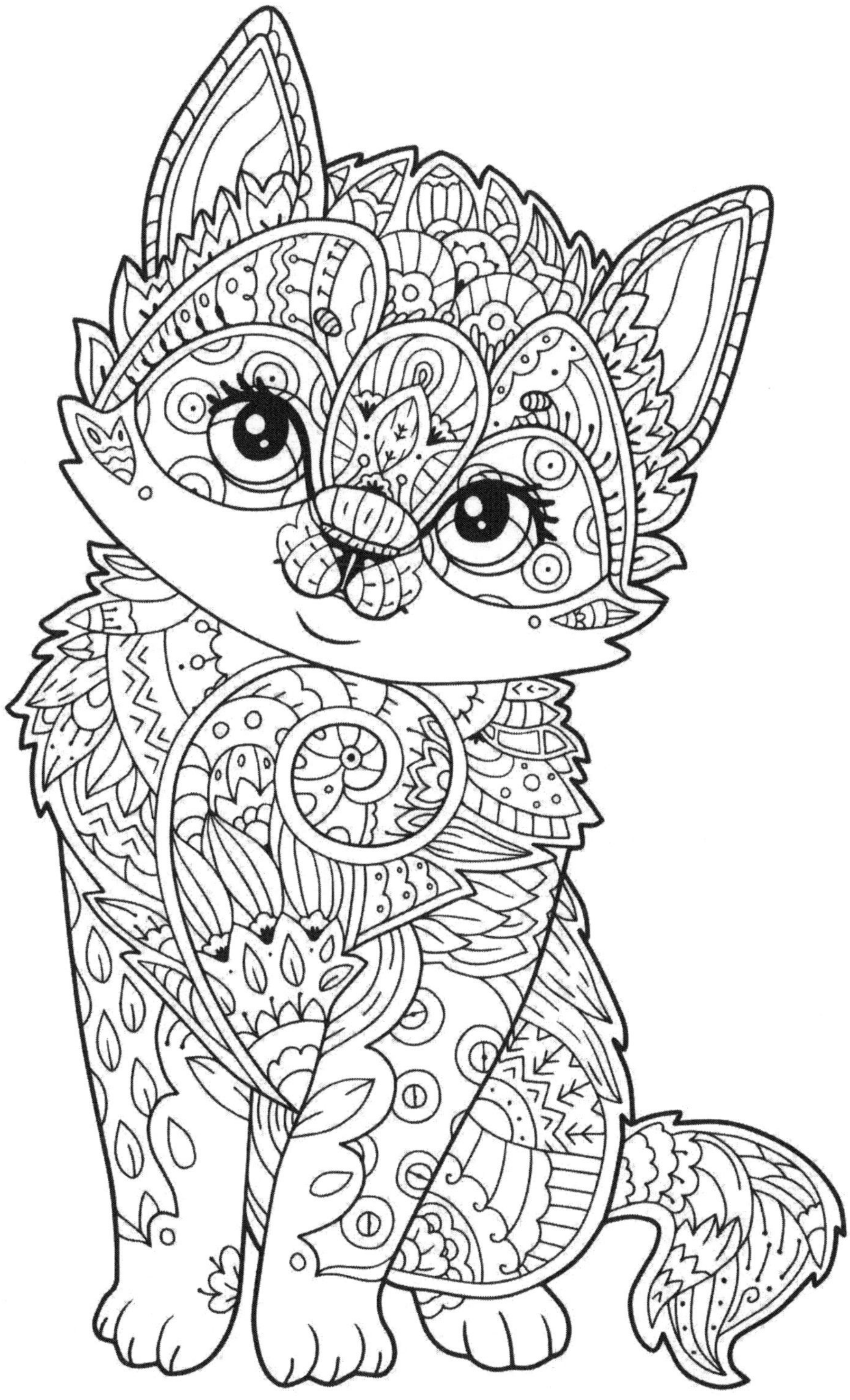

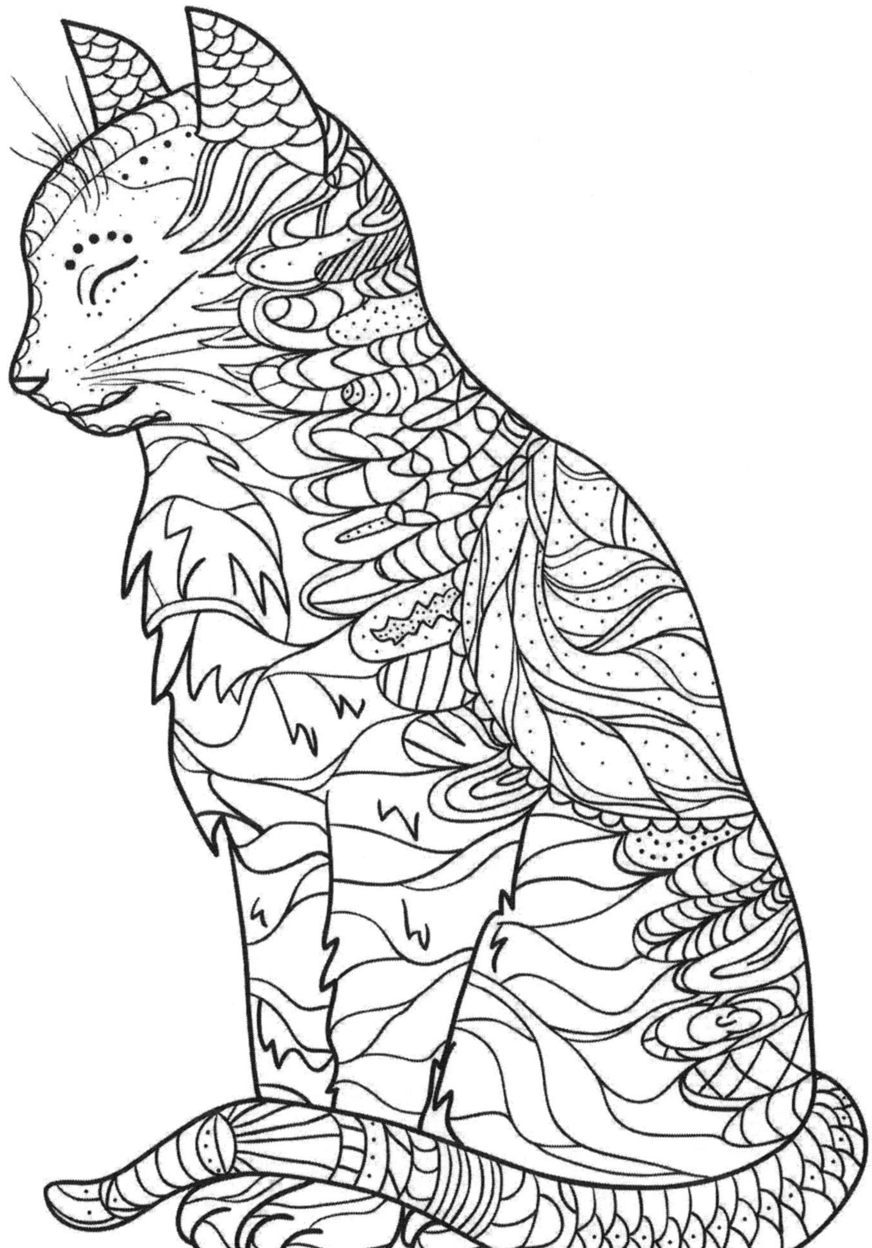

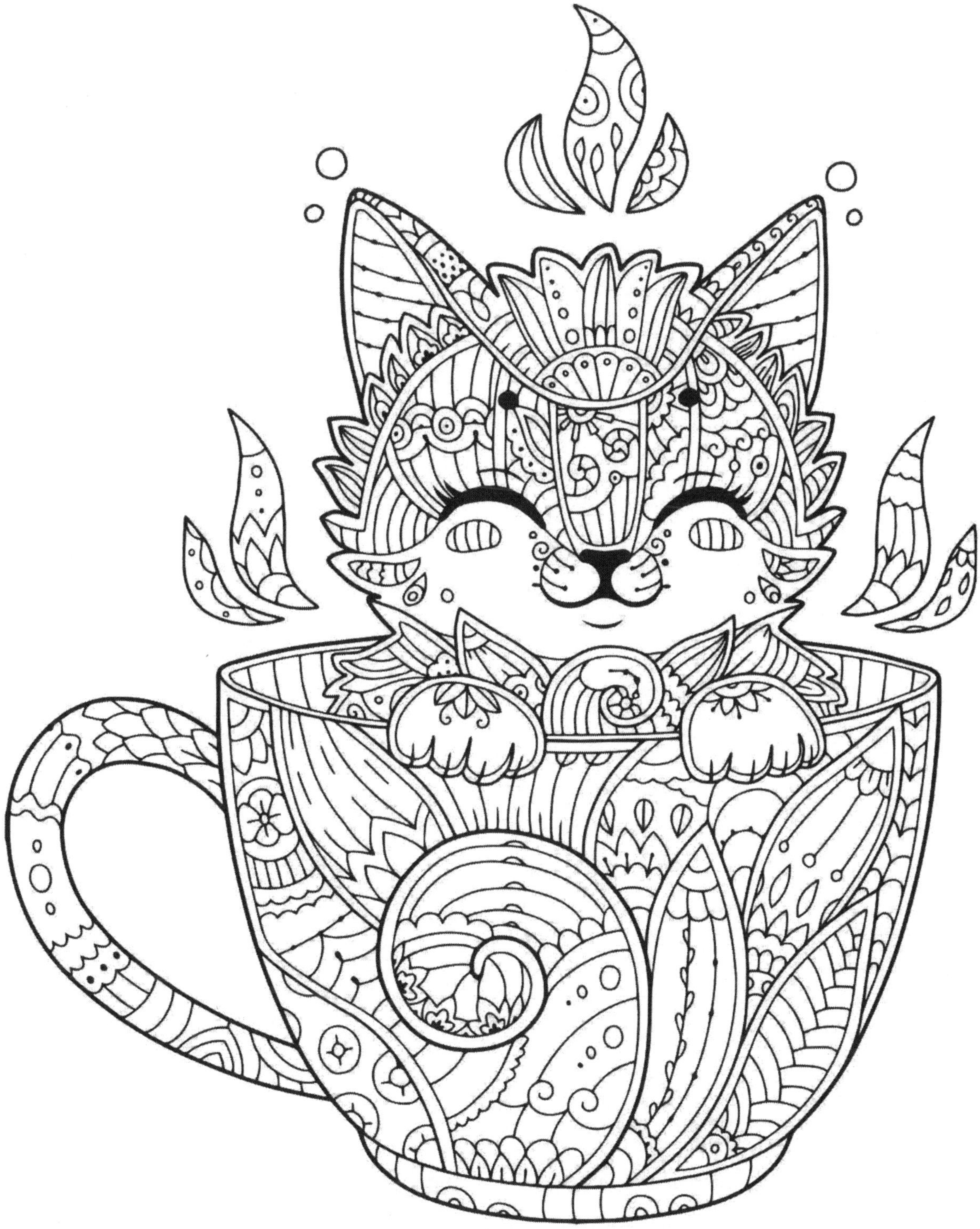

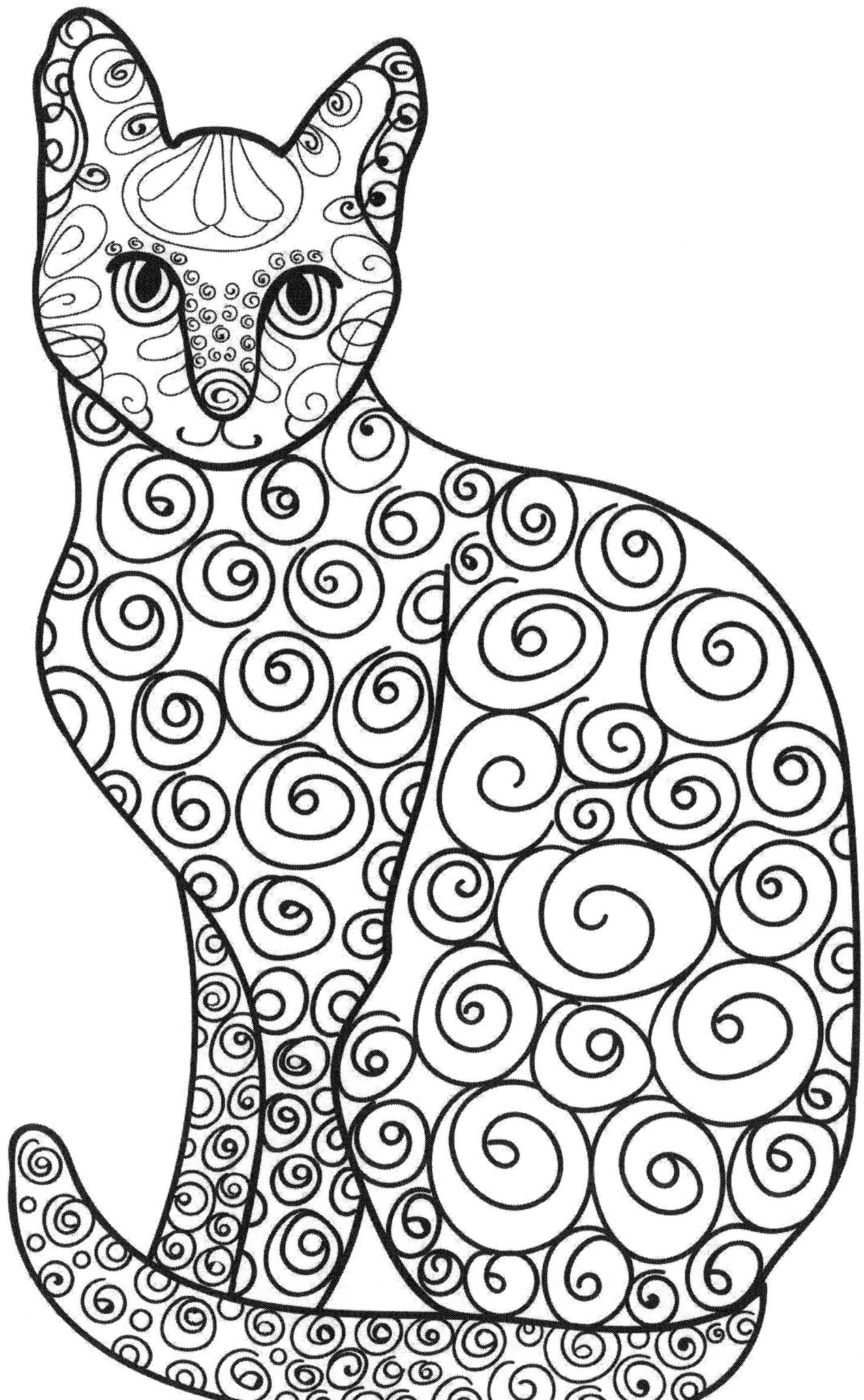

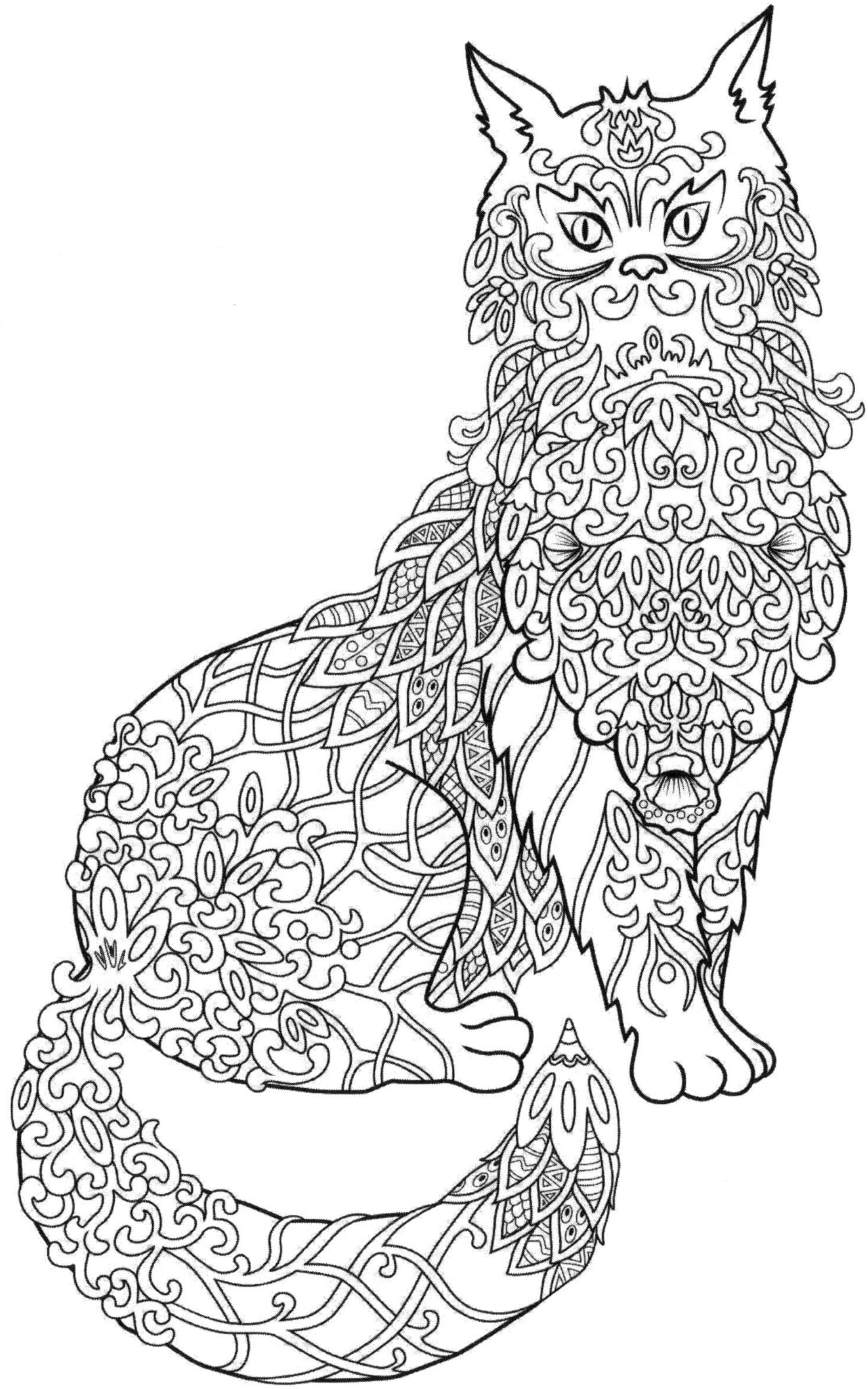

Dies ist ein bluten durch Seite wenn du verwendest eine Färbung Markierung oder Stift!

Finden Sie weitere tolle Titel durch auf der Suche nach Färbung Bandit auf Ihre Lieblings-Buch Einzelhändler

Amazon.Ca | Barnes & Noble (BN.Com) | Ich 1 Million Bücher (BAM.Com)

COLORING BANDIT

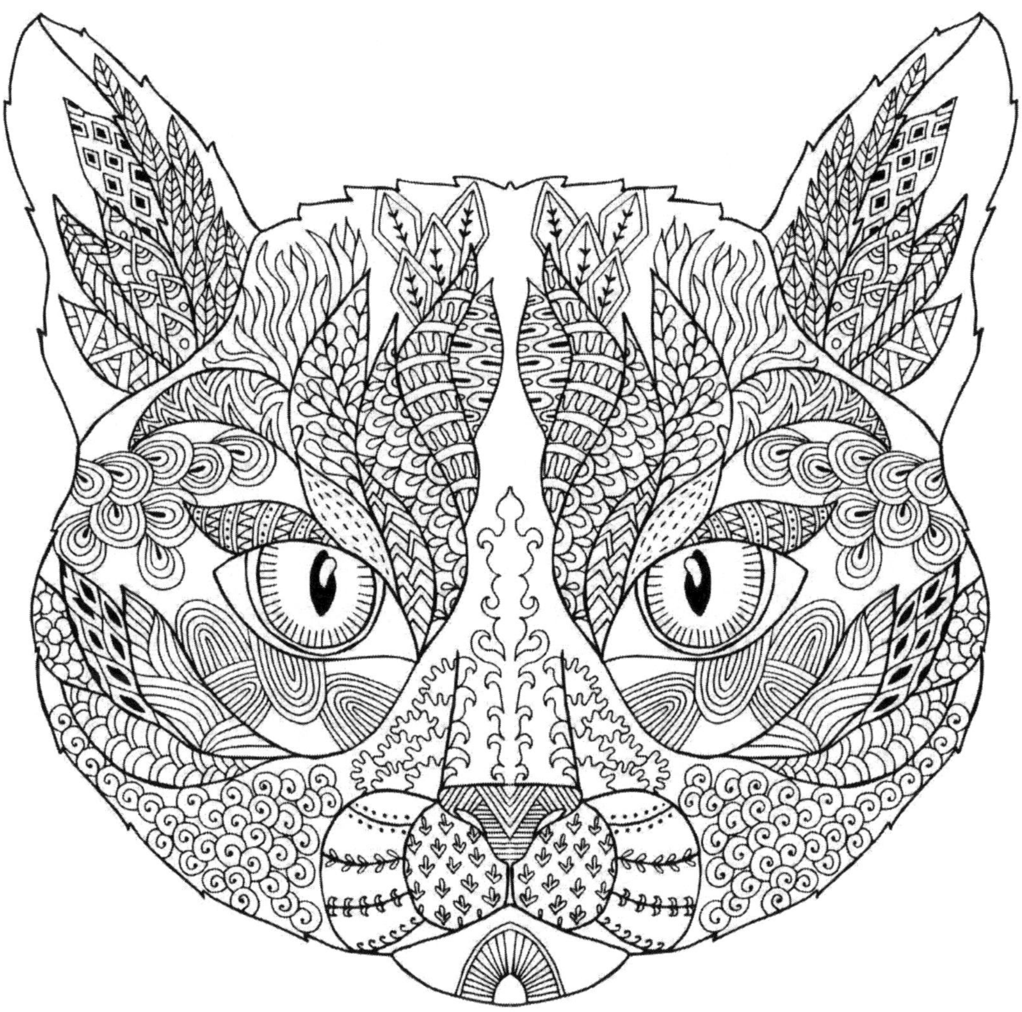

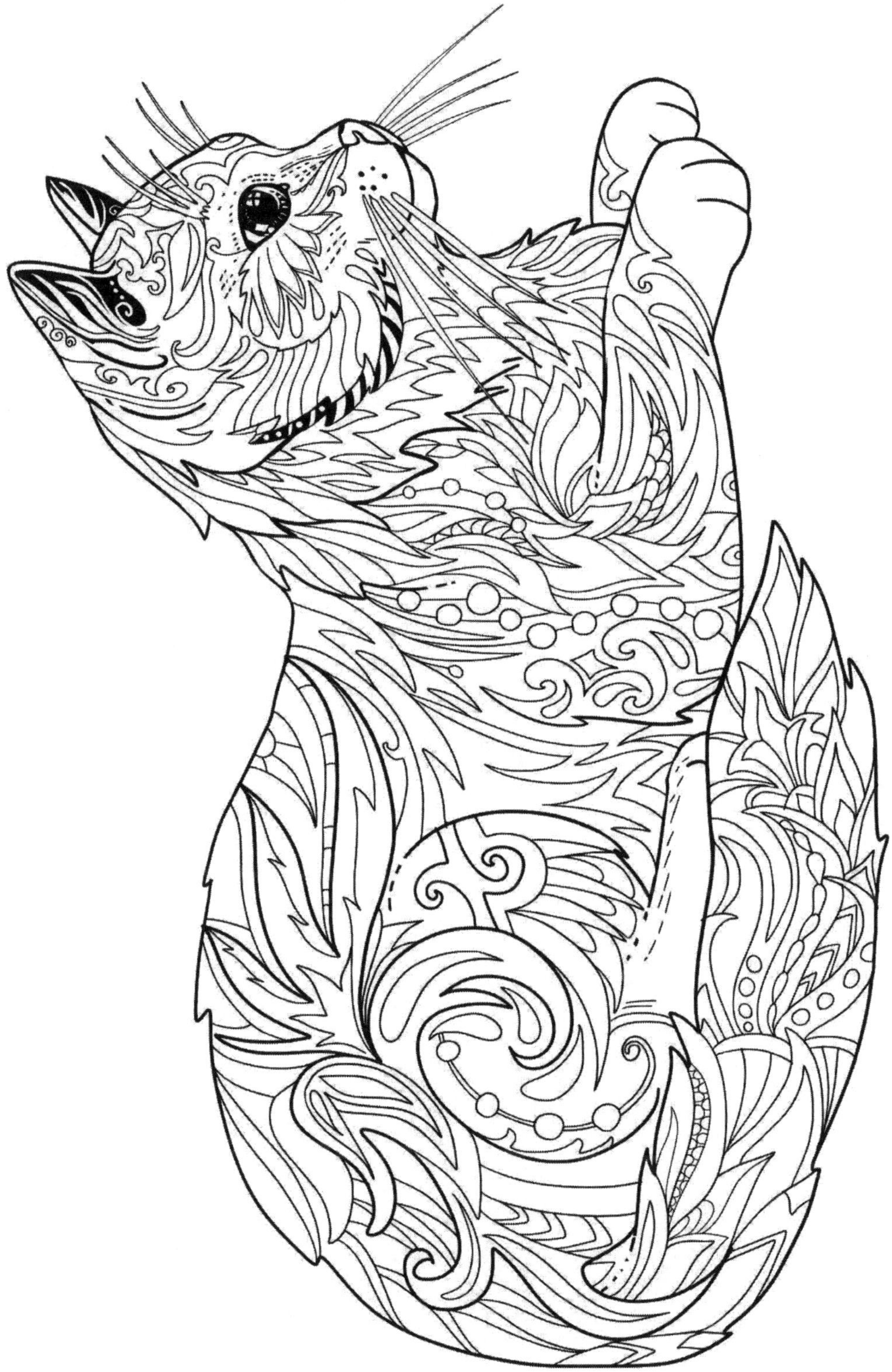

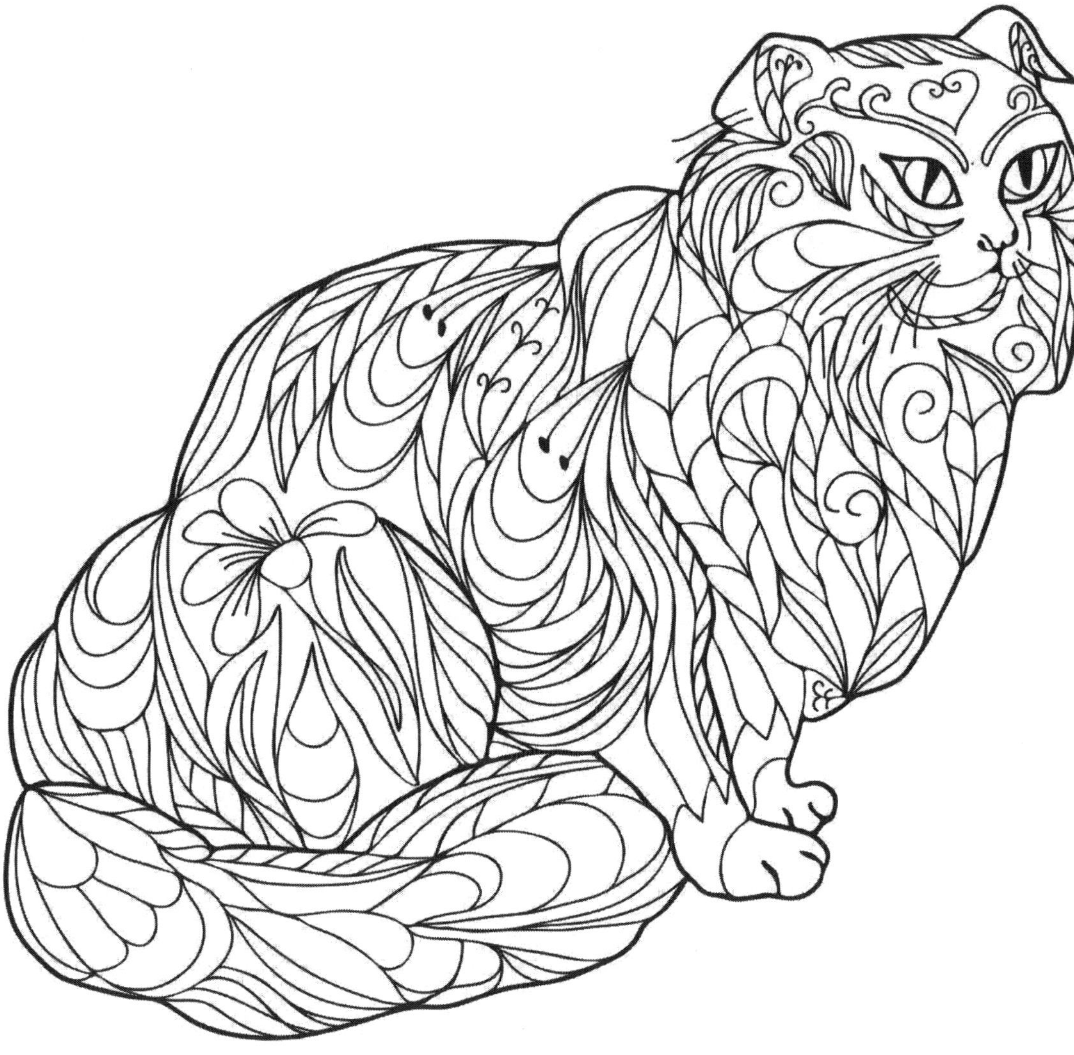

Dies ist ein bluten durch Seite wenn du verwendest eine Färbung Markierung oder Stift!
Finden Sie weitere tolle Titel durch auf der Suche nach Färbung Bandit auf Ihre Lieblings-Buch Einzelhändler
Amazon.Ca | Barnes & Noble (BN.Com) | Ich 1 Million Bücher (BAM.Com)

COLORING BANDIT

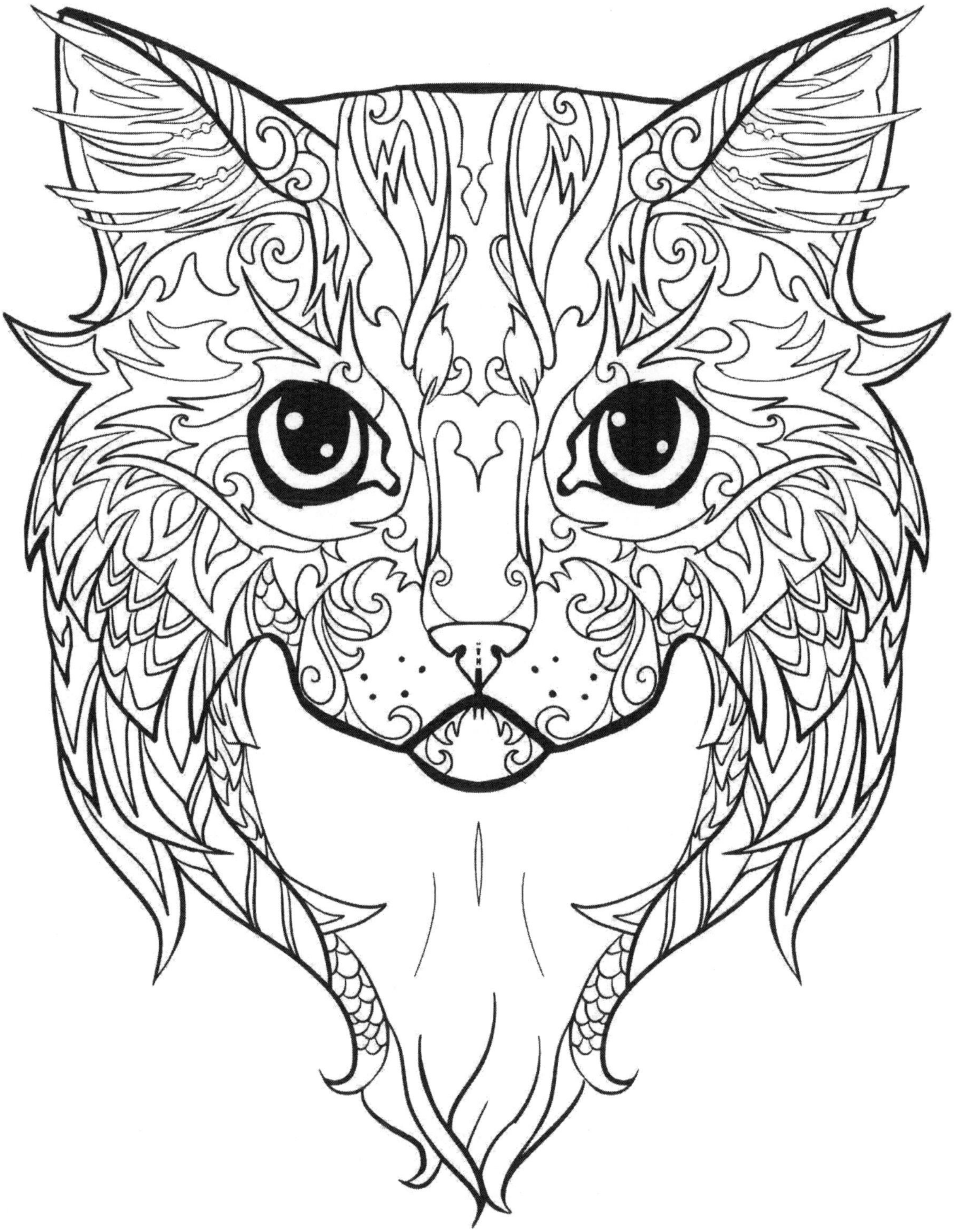

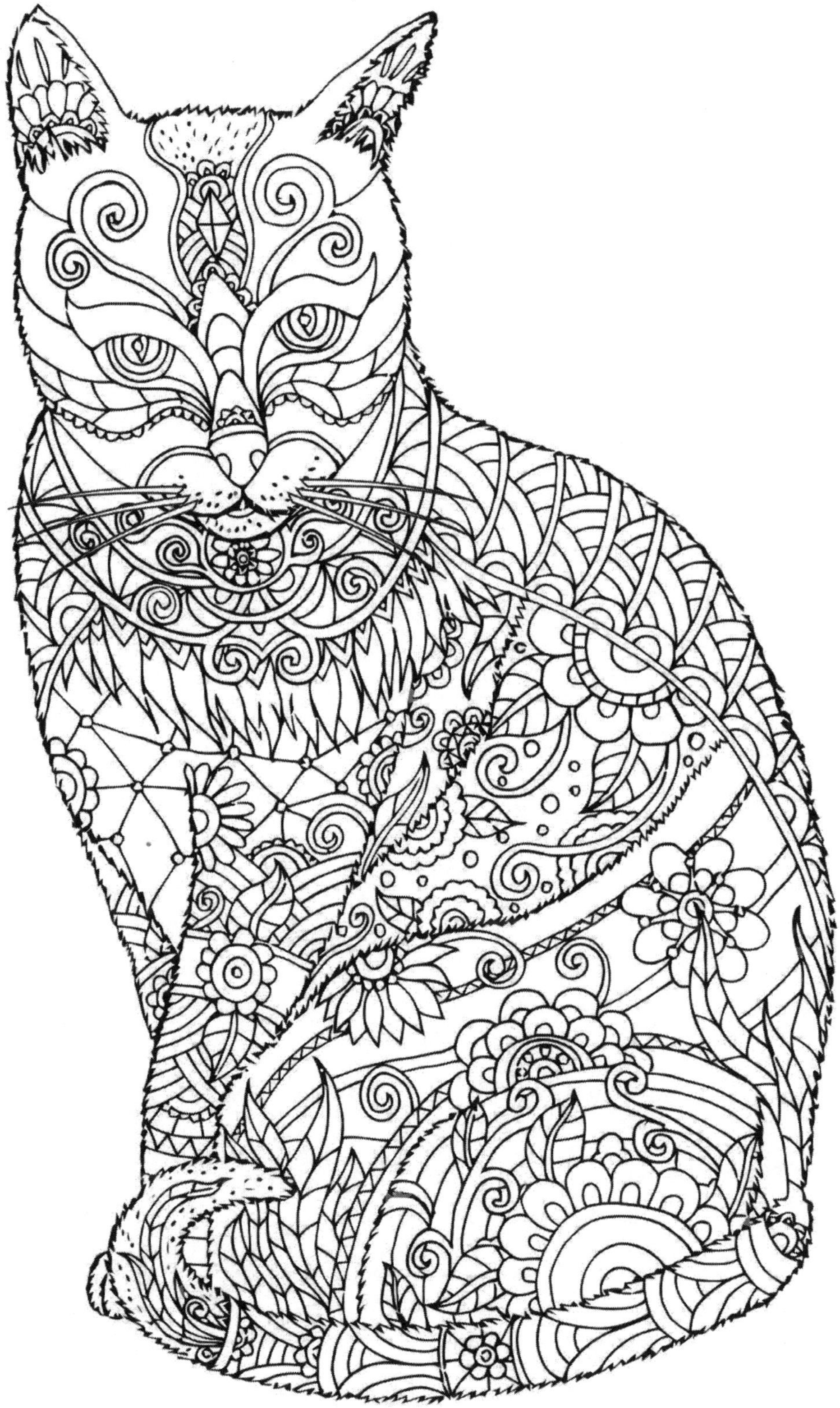

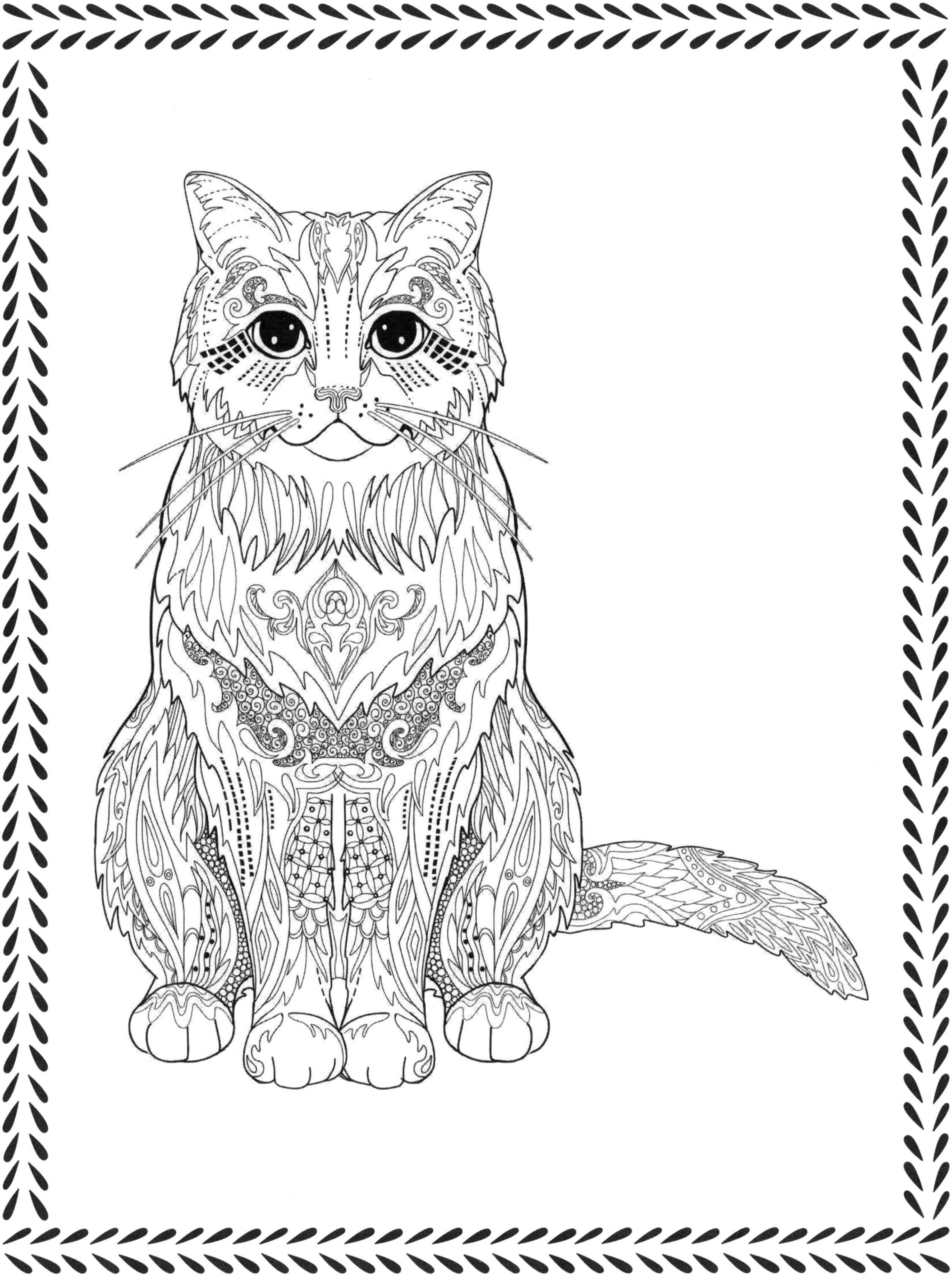

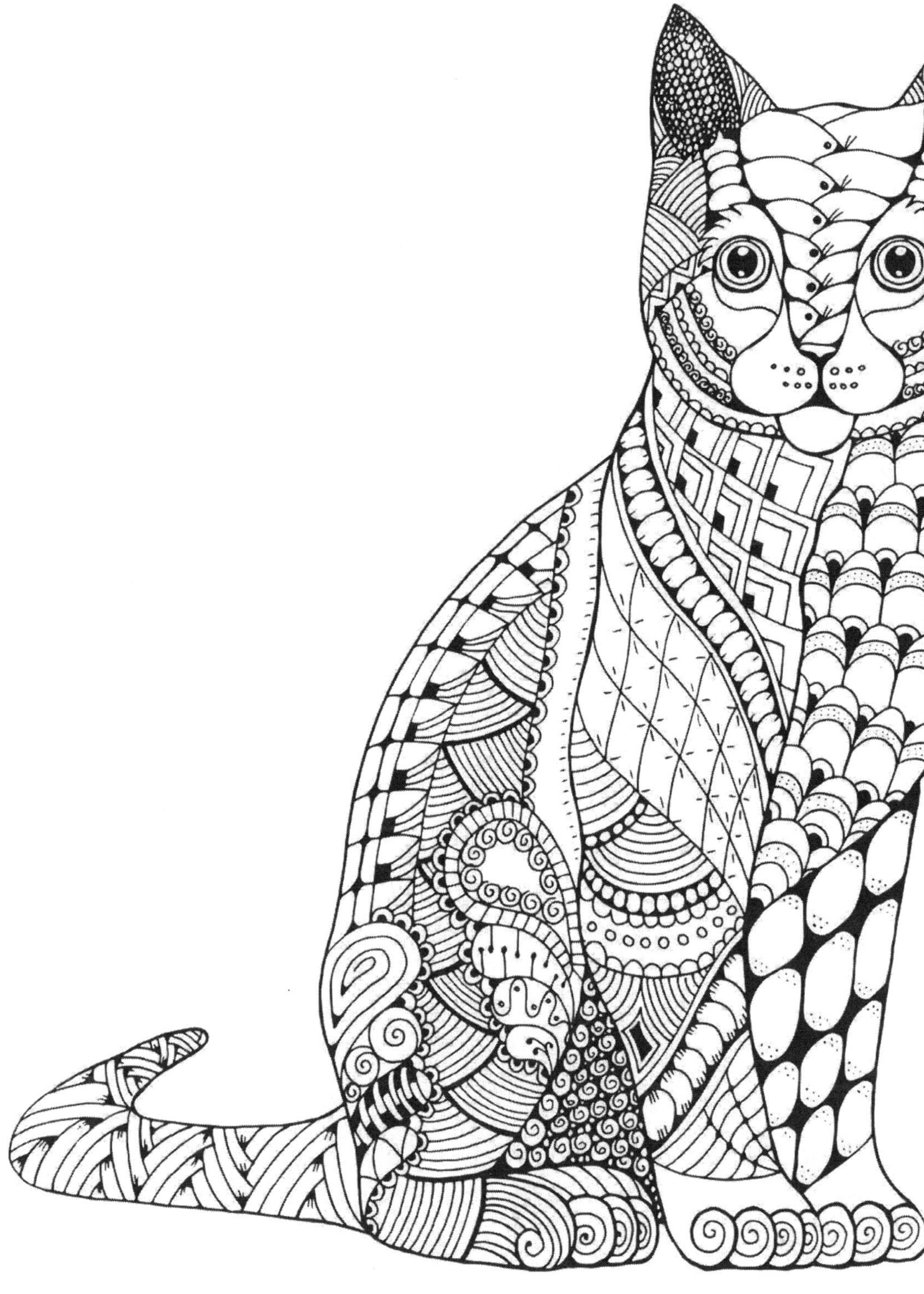

Dies ist ein bluten durch Seite wenn du verwendest eine Färbung Markierung oder Stift!

Finden Sie weitere tolle Titel durch auf der Suche nach Färbung Bandit auf Ihre Lieblings-Buch Einzelhändler

Amazon.Ca | Barnes & Noble (BN.Com) | Ich 1 Million Bücher (BAM.Com)

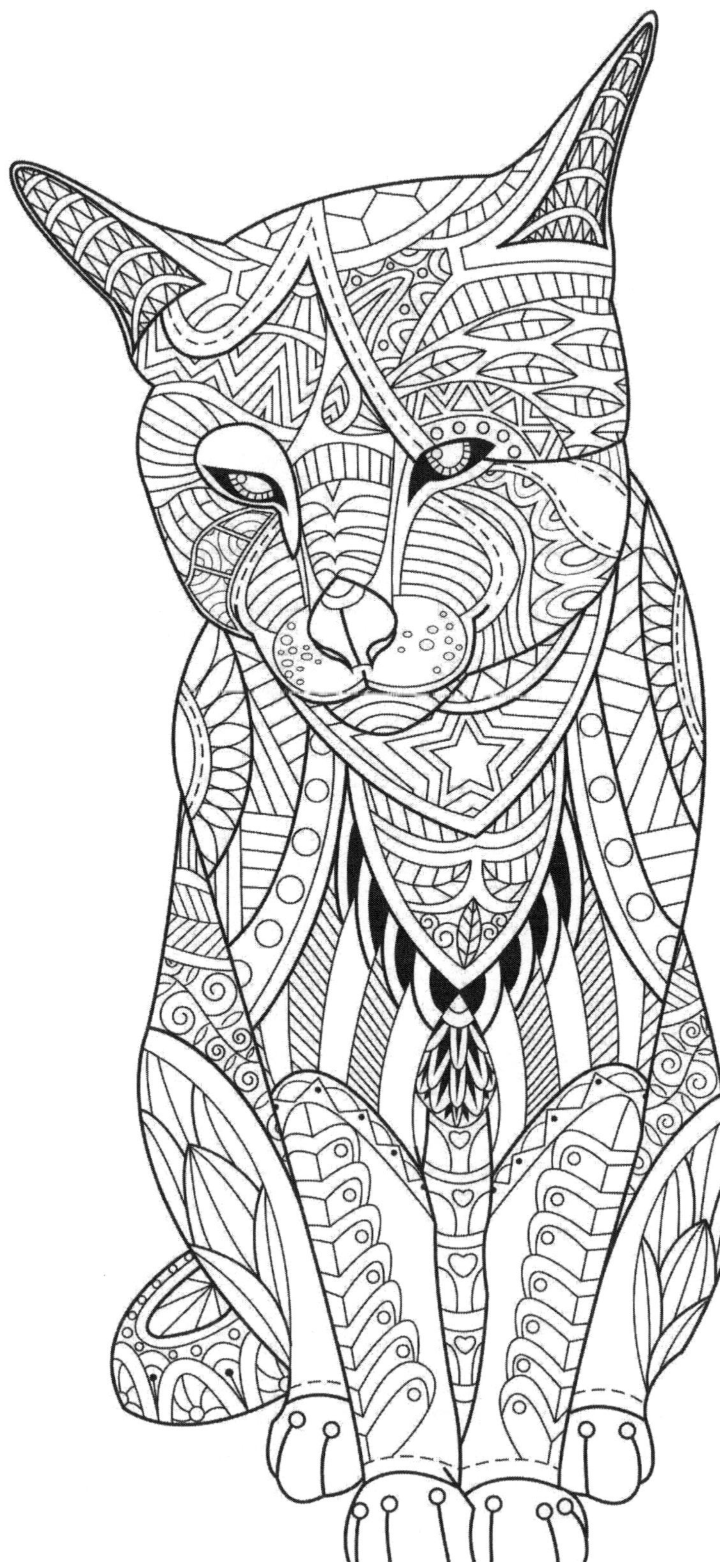

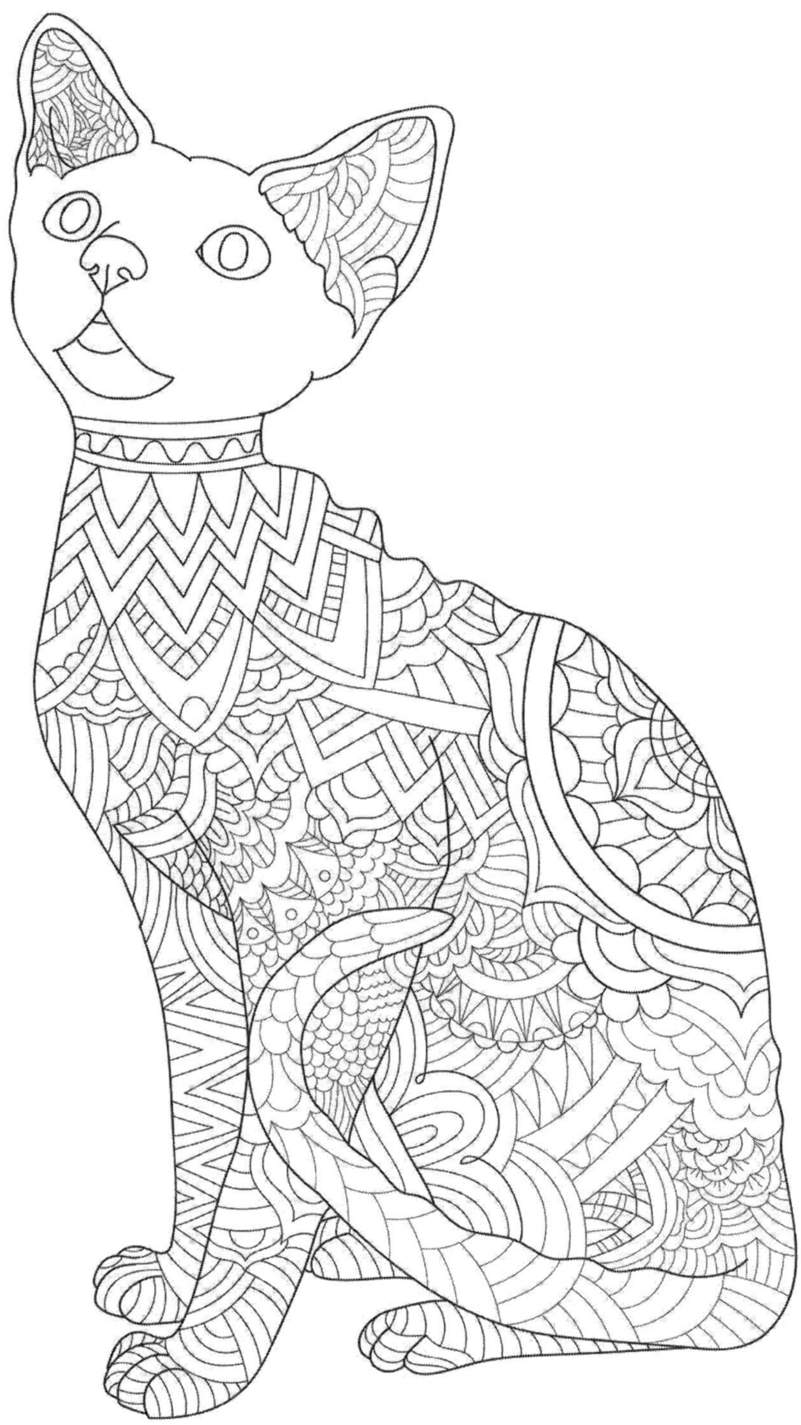

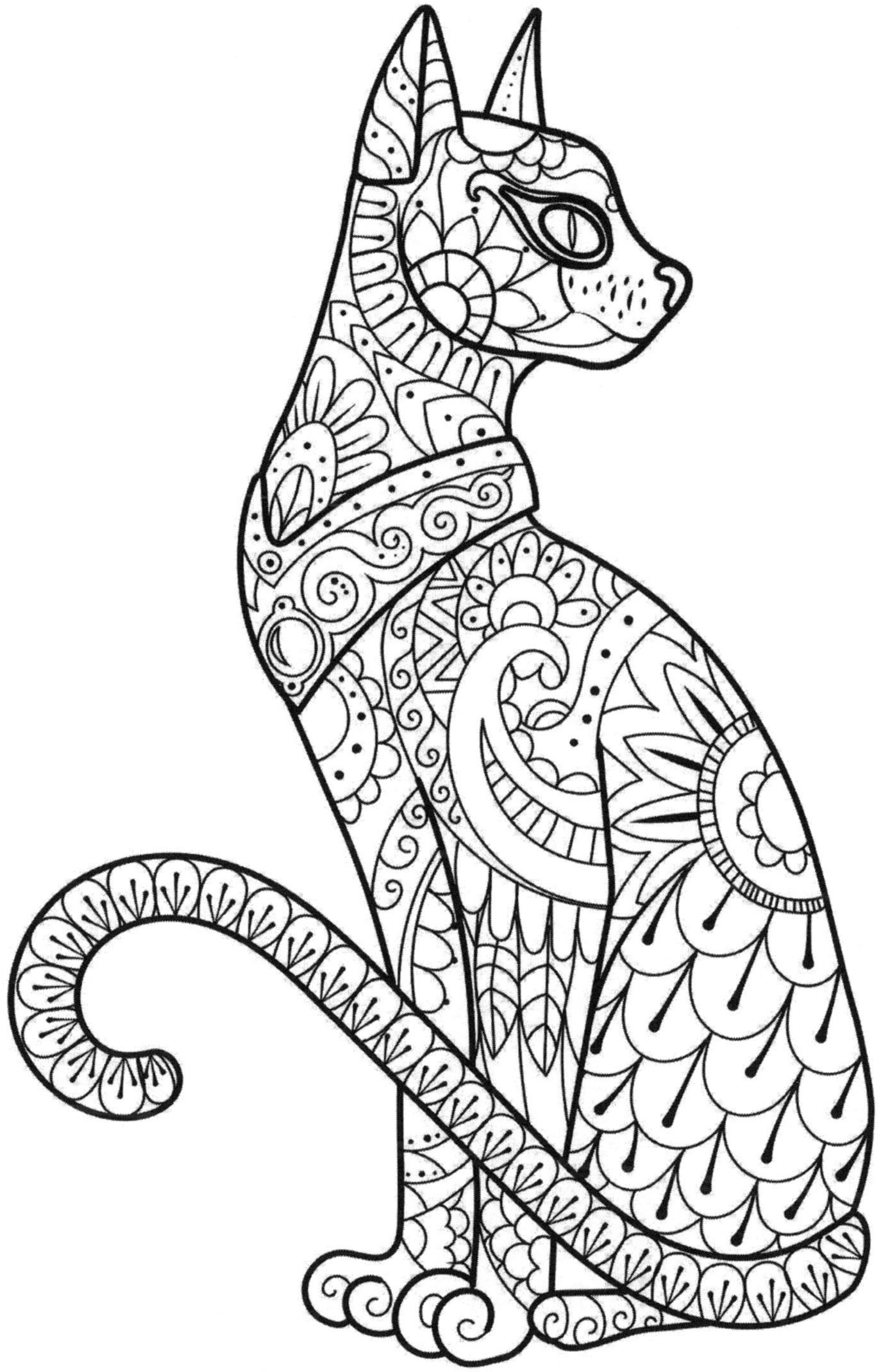

Dies ist ein bluten durch Seite wenn du verwendest eine Färbung Markierung oder Stift!

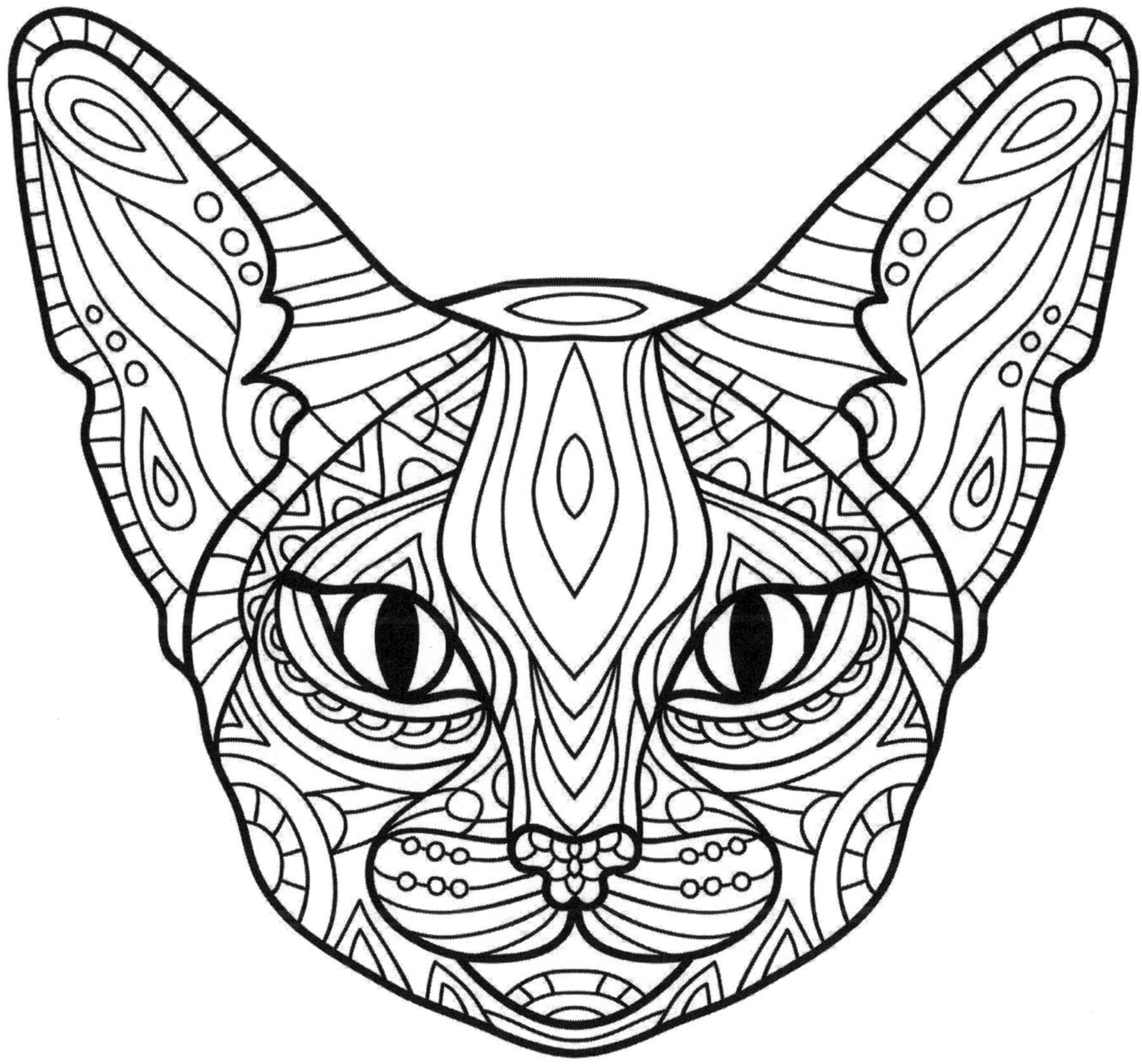

Dies ist ein bluten durch Seite wenn du verwendest eine Färbung Markierung oder Stift!

Finden Sie weitere tolle Titel durch auf der Suche nach Färbung Bandit auf Ihre Lieblings-Buch Einzelhändler

Amazon.Ca | Barnes & Noble (BN.Com) | Ich 1 Million Bücher (BAM.Com)

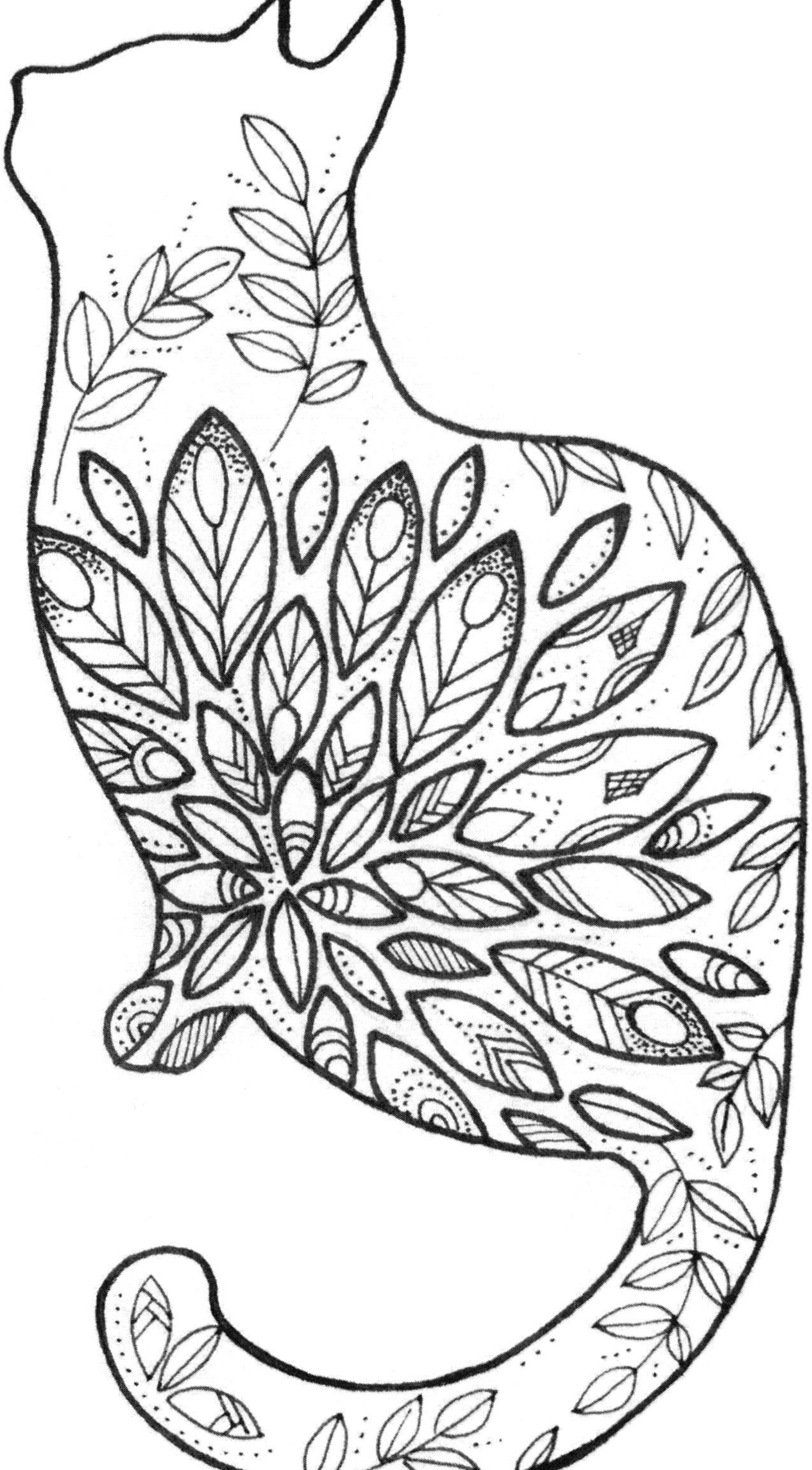

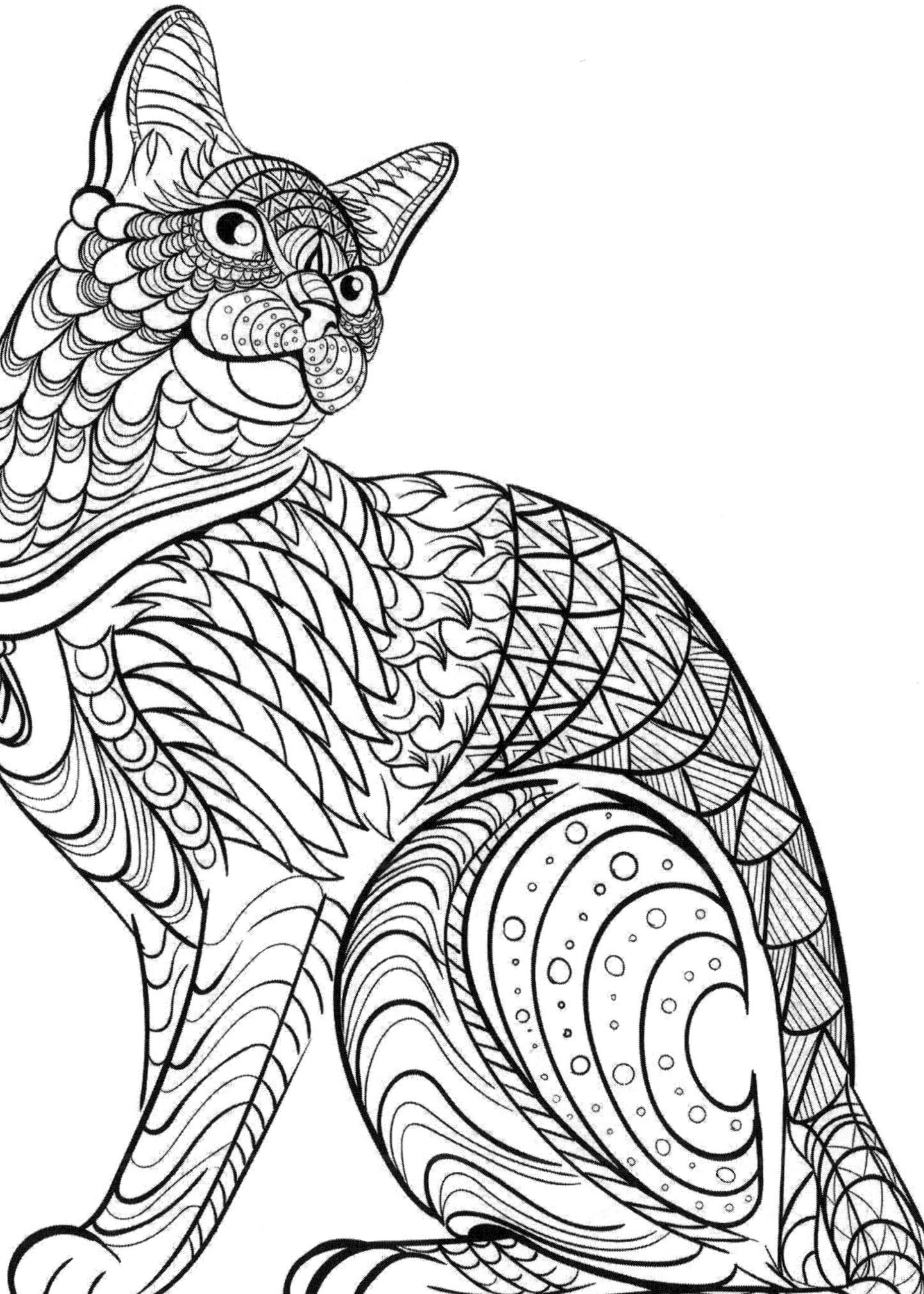

Made in the USA
Monee, IL
07 July 2026

56547120R00035